Manfred Henne

Wilhelm Boger

Die »Bestie von Auschwitz«

Eine Beweisführung

Manfred Henne

Wilhelm Boger

Die »Bestie von Auschwitz«

Eine Beweisführung

verlag regionalkultur

Titel:	Wilhelm Boger
Untertitel:	Die »Bestie von Auschwitz«. Eine Beweisführung.
Autor:	Manfred Henne
Herstellung:	verlag regionalkultur
Satz und Umschlaggestaltung:	Manfred Henne

ISBN 978-3-95505-449-6

Bibliografische Information der Deutschen Nationalbibliothek
Die Deutsche Nationalbibliothek verzeichnet diese Publikation in der Deutschen Nationalbibliografie; detaillierte bibliografische Daten sind im Internet über dnb.dnb.de abrufbar.

Diese Publikation ist auf alterungsbeständigem und säurefreiem Papier (TCF nach ISO 9706) gedruckt entsprechend den Frankfurter Forderungen.

verlag regionalkultur
Heidelberg • Ubstadt-Weiher • Stuttgart • Speyer • Basel

Verlag Regionalkultur GmbH & Co. KG
Bahnhofstraße 2 • D-76698 Ubstadt-Weiher
Tel. 07251 36703-0 • *Fax* 07251 36703-29
E-Mail kontakt@verlag-regionalkultur.de
www.verlag-regionalkultur.de

Der Autor dankt
Herrn Direktor Dr. Müller,
vom Staatsarchiv Ludwigsburg,
für die Einsichtnahme der Akten.

Aktenzeichen:
STAL EL 48/2 PA20 Bd. 1 I Bue 202
STAL EL 48/2 PA21 Bd. 2 I Bue 202
STAL EL 50 II Bue 272
STAL EL 317 III Bue 1
STAL EL 317 III Bue 2042

Inhaltsverzeichnis

Dounia Zlata Wasserstrom im Auschwitz-Prozess:
»Ein kleiner Junge im Alter von vier bis fünf Jahren sprang vom Lkw herunter. Er hatte einen Apfel in der Hand. (...) Boger ging zu dem Kind hin, packte es an den Füßen und warf es mit dem Kopf an die Wand. Den Apfel steckte er ein. (...) Eine Stunde später kam Boger und rief mich zum Dolmetschen. Dabei aß er den Apfel. Das Ganze habe ich mit eigenen Augen gesehen. Das Kind war tot.«

Wilhelm Boger beim Auschwitz-Prozess 1963 in Frankfurt, Foto: Auschwitz Prozess Archiv

Eingang zum Konzentrationslager Auschwitz-Birkenau, © Getty

Blick von Süden über das Lager Auschwitz, Foto vom Autor

Wilhelm Boger, die »Bestie von Auschwitz«

Wilhelm Friedrich Boger,

* 19. Dezember 1906, Stuttgart,

† 3. April 1977, Bietigheim

Die »Boger-Schaukel« – was sich harmlos und nach einem Spielgerät anhört, war in Wirklichkeit ein teuflisches Folterinstrument. Diese »Schaukel« bestand aus zwei aufrecht stehenden Holmen, in die eine Eisenstange quer hineingelegt wurde. Boger ließ die Opfer in die Kniebeuge gehen, zog die Eisenstange durch die Kniekehlen hindurch und fesselte die Hände der Opfer daran. Dann befestigte er die Stange in den Holmen, so dass der Delinquent mit dem Kopf nach unten und dem Gesäß nach oben hing. Hierauf schlug Boger das Opfer mit einem Ochsenziemer oder einem Stock, und zwar vor allem auf das Gesäß und die Geschlechtsteile. Diese Tortur überlebten nur wenige, viele Häftlinge waren bis zur Unkenntlichkeit entstellt. Das war bei weitem nicht die einzige Grausamkeit, die die »Bestie von Auschwitz«, wie er im Lager genannt wurde, beging.

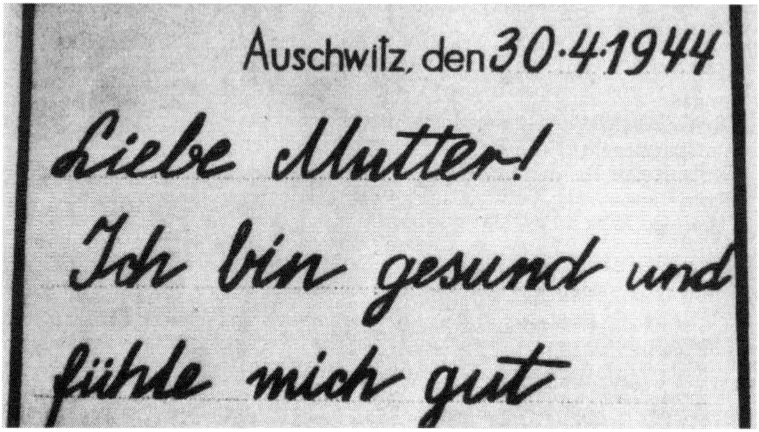

Auschwitz, den 30·4·1944

Liebe Mutter!

Ich bin gesund und

fühle mich gut

Die KZ-Verwaltung lässt einige Häftlinge Postkarten schreiben. Der Text wird den Gefangenen diktiert. Teilweise müssen sie die Karten vordatieren. Als die Karten beim Empfänger ankommen, sind die Absender bereits ermordet. Fotos: Museum Auschwitz

Etwa 6.500 SS-Leute arbeiten von 1940 bis 1945 in Auschwitz. Auf Ausflügen in die Umgebung entspannen sie sich. Ihre Kinder besuchen in Auschwitz Schule oder Kindergarten, während in geringer Entfernung Gleichaltrige in die Gaskammern geführt werden.

Das Vernichtungslager Auschwitz

Im Mai 1940 wurde in einem Vorort der Stadt Auschwitz (Oswieçim) in Oberschlesien ein Konzentrationslager (KZ) für polnische politische Gefangene errichtet. Örtliche deutsche Polizeistellen hatten den Bau des Lagers angeregt, da die Kapazitäten der vorhandenen Gefängnisse zur Inhaftierung nicht mehr ausreichten. Für die Errichtung des Lagers auf einem leerstehenden Barackengelände der polnischen Armee aus der Vorkriegszeit wurden über 1.200 Einwohner ausgesiedelt. Zum Kommandanten von Auschwitz ernannte Heinrich Himmler, Reichsführer der Schutzstaffel (SS) und Chef der deutschen Polizei, den SS-Hauptsturmführer Rudolf Höß. Das Durchgangs- und Quarantänelager sollte zunächst 10.000 polnische Gefangene aufnehmen, um sie von dort in die Konzentrationslager des »Altreichs« zu überstellen. Außerdem war Auschwitz als Exekutionsort für polnische Geiseln, Widerstandskämpfer und sogenannte »Intelligenzler« geplant. Bis März 1941 inhaftierte die SS etwa 10.900 hauptsächlich polnische politische Gefangene, von denen eine große Zahl durch Hunger und Folter starb.

Nach einem Besuch von Heinrich Himmler in Auschwitz im März 1941 wurde auf dessen Anordnung die Aufnahmekapazität des Lagers um weitere 20.000 Gefangene erhöht. Für die Errichtung der Buna-Werke im nahe gelegenen Monowitz (Monowice) lieferte die SS der IG Farben mehrere tausend KZ-Insassen als Zwangsarbeiter. Wenige Monate nach dem Überfall auf die Sowjetunion wurden Anfang September 1941 – entgegen der »Haager Landkriegsordnung« und der »Genfer Kriegsgefangenen-Konvention« – mehrere Hundert sowjetische Kriegsgefangene in das Stammlager Auschwitz deportiert und dort zusammen mit rund 250 KZ-Insassen in Kellerräumen einer Baracke mit dem Giftgas Zyklon B ermordet. Im Oktober 1941 überstellte die Wehrmacht weitere 10.000 Rotarmisten in das Stammlager, die im drei Kilometer entfernten Birkenau (Brzezinka) ein Lager für 100.000 Kriegsgefangene errichten sollten. Bis zum Februar

1942 starb der Großteil der Gefangenen an Unterernährung, Typhus und anderen Krankheiten. Den Rest von wenigen hundert sowjetischen Soldaten und einen Teil der Häftlinge überstellte die SS schließlich im März 1942 in das neue Lager nach Birkenau.

Nachdem auf der Wannseekonferenz im Januar 1942 die Ermordung der europäischen Juden beschlossen wurde, bestimmte Himmler Auschwitz zum zentralen Ort für den Massenmord. Anfang 1942 ließ Rudolf Höß zwei Bauernhäuser (Bunker) in einem Wald bei Birkenau zu Gaskammern umbauen. Die ersten Opfer waren vor allem Juden aus Ostoberschlesien, dem Generalgouvernement sowie dem »Protektorat Böhmen und Mähren«. Ab März 1942 trafen die ersten großen Transporte mit Juden aus der Slowakei und Frankreich in Birkenau ein. In den nächsten Monaten folgten Transporte aus nahezu allen von Deutschland besetzten Ländern. Nicht nur die Massentötung der Juden mit Giftgas, sondern auch ihre Deportation, die »Selektion« an der Rampe und schließlich die »Beseitigung« der Ermordeten sowie die Verwertung ihrer Habe in einer Sortierstelle gehörten zum durchorganisierten Mordverfahren. Auf diese Weise ermordete die SS über eine Million Menschen in Auschwitz, von denen 90 Prozent Juden waren.

Auschwitz war das größte und mit dem höchsten technischen Aufwand betriebene nationalsozialistische Konzentrations- und Vernichtungslager. Dort sind den Gaskammern, Giftinjektionen und Erschießungen sowie schwerster Arbeit, Krankheit und Verhungern insgesamt mehr Menschen zum Opfer gefallen als in jedem anderen Vernichtungslager. Neben Auschwitz-Birkenau, das ab Sommer 1942 zum zentralen Deportationsziel nahezu aller europäischen Juden im deutschen Herrschaftsbereich wurde, existierten mit Majdanek, Chelmno, Belzec, Sobibor und Treblinka weitere Vernichtungslager im Generalgouvernement und im Warthegau, in denen 2 Millionen Menschen – hauptsächlich polnische Juden – ermordet wurden.

Als sich die Rote Armee dem KZ Auschwitz im August 1944 näherte, begann die SS mit der stufenweisen Evakuierung des Lagers. Bis Mitte Januar 1945 wurden etwa 65.000 arbeitsfähige Häftlinge in das »Altreich« zur Arbeit in die Rüstungsbetriebe überstellt. Gleichzeitig begann die SS mit der Spurenbeseitigung der Verbrechen im Lager. Als die Ermordung aller bei den Vernichtungsanlagen arbeitenden Mitglieder des jüdischen »Sonderkommandos« absehbar war, organisierten sie am 7. Oktober 1944 einen Aufstand und sprengten das Krematorium IV mit seiner Gaskammer. Nach der Niederschlagung der Revolte erschoss die SS alle Beteiligten. Gegen Ende des Jahrs 1944 wurden alle technischen Installationen der Gaskammern demontiert sowie ein Großteil der Geheimakten verbrannt. Zahlreiche Gegenstände der ermordeten Juden, die die SS in der Sortierstelle gelagert hatte, ließ sie ins Innere des Reichs bringen. Am 17. Januar 1945 begann die Endphase der Evakuierung des KZ Auschwitz und seiner Nebenlager. Die SS schickte etwa 56.000 Häftlinge auf »Todesmärsche« in Richtung Westen, um ihre Befreiung durch die Rote Armee zu verhindern. Tausende kamen dabei ums Leben. Am 26. Januar ließ die Lagerleitung das letzte Krematorium sprengen. Als die sowjetische Armee am 27. Januar 1945 Auschwitz befreite, befanden sich noch etwa 8.500 kranke und erschöpfte Häftlinge im Stammlager und seinen Nebenlagern.

Nach der Errichtung des Lagers 1940 bis zu seiner Befreiung 1945 sind von mindestens 1.300.000 nach Auschwitz Deportierten, etwa 900.000 direkt nach ihrer Ankunft in den Gaskammern ermordet oder erschossen worden. Etwa 200.000 weitere Häftlinge starben an Hunger und Krankheiten oder wurden nach kurzer Zeit in die Gaskammern geschickt.

1947 wurde auf dem Gelände der zwei erhaltenen Lagerbereiche Auschwitz I (Stammlager) und Auschwitz II (Birkenau) das »Staatliche Museum Auschwitz-Birkenau« geschaffen.

Quelle: Deutsches Historisches Museum, Berlin

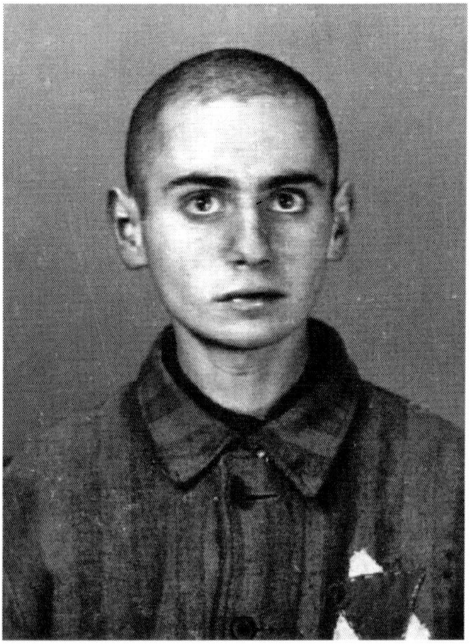

Lichtbild aus der Häftlingskartei des KZ Auschwitz, 1942

Der Auschwitz-Prozess

Am 20. Dezember 1963 begann mit dem Prozess im Frankfurter Römer der erste von drei Auschwitz-Prozessen in Frankfurt – es war einer der größten Prozesse der Nachkriegszeit in Deutschland und das bis dahin wichtigste Verfahren gegen NS-Verbrecher in Deutschland. Was ihn von anderen Gerichtsverhandlungen zu NS-Verbrechen unterschied: Hier wurde nicht ein Aspekt herausgegriffen, sondern das ganze Ausmaß des Grauens in Auschwitz wurde deutlich und das System dahinter.

Gerhard Wiese war der jüngste der Staatsanwälte im Frankfurter Auschwitz-Prozess. Von einem ehemaligen Auschwitz-Häftling hatte der hessische Generalstaatsanwalt Fritz Bauer Unterlagen mit den Namen von Wachmännern erhalten, die Menschen auf der Flucht erschossen hatten.

Staatsanwalt Gerhard Wiese

Dazu kam Material, das der spätere Mitbegründer des Auschwitz-Komitees Hermann Langbein schon seit Kriegsende gesammelt hatte. Das wurde zum Ausgangspunkt für die staatsanwaltlichen Ermittlungen, die schließlich zur Anklage von 22 Männern führten, die in verschiedenen Funktionen im Konzentrationslager Auschwitz gearbeitet hatten.

Gerhard Wiese bekam als Staatsanwalt zwei SS-Männer zugeteilt, deren Anklageschrift er formulieren musste: Oswald Kaduk und Wilhelm Boger. »In den ersten Tagen von morgens bis abends nur Mord und Totschlag«, erinnert er sich an die Zeugenaussagen, die er durcharbeiten musste. »Also ich war froh, wenn ich rauskam und mit der Straßenbahn nach Hause fahren konnte, umgeben von normalen Menschen, die sich normal verhielten.«

Wenn die Rede auf Bogers Aktivitäten im Lager Auschwitz kam, antwortete er gegenüber Bekannten und Nachbarn, er habe sich nichts vorzuwerfen.

Grausamkeiten und Folterinstrumente

Kaduk und Boger gehörten zu denen, denen vielfache Grausamkeiten in Auschwitz vorgeworfen wurden. »Der hat bei kleinsten Vergehen zugeschlagen, getreten und das zog sich durch seine ganze Tätigkeit in Auschwitz«, sagt Wiese über Oswald Kaduk. Nach Wilhelm Boger wurde sogar eine spezielle Foltermethode benannt, die »Boger-Schaukel«. Die Brutalität wird selbst in der nüchternen Schilderung von Staatsanwalt Wiese deutlich: »Das ist eine Stange, und der Körper wurde rüber gelegt und weiter geschlagen. Bis der Mann eben tot war oder keinen Mucks mehr von sich gab«

Eine Zeichnung der sogenannten Boger-Schaukel veranschaulicht die Brutalität des Folterinstruments.

Angeklagte wollen sich an nichts erinnern können

Rund die Hälfte der 360 Zeugen im Prozess waren ehemalige KZ-Häftlinge, die schilderten, was sie erleiden mussten. Oder was sie gesehen hatten. Die Angeklagten zogen sich meist darauf zurück, dass sie sich nicht erinnern konnten. Sie konnten nicht leugnen, dass sie in Auschwitz Dienst getan hatten, aber sie behaupteten, sie hätten sich nichts zuschulden kommen lassen. Das galt nicht nur für die SS-Wachmänner, sondern genauso für die Schreibtischtäter in der Verwaltung oder die Ärzte, die an der Rampe von Auschwitz entschieden, wer in die Gaskammer geschickt wurde. Etwa der Lagerarzt Josef Mengele, dessen menschenverachtende Experimente mit Häftlingen erst durch die verschiedenen Prozesse um die NS-Verbrechen in den 60er-Jahren einer breiteren Öffentlichkeit bekannt wurden.

Ehemalige Lagerinsassen beschrieben Bogers Folteropfer im Auschwitz-Prozess mit den Worten: »Er hat nicht mehr wie ein Mensch ausgesehen.«

Am 14. Dezember 1964 fand auf dem Gelände des ehemaligen KZ Auschwitz-Birkenau die erste Ortsbesichtigung im Rahmen des Auschwitzprozesses statt, Foto Bundesarchiv

Bei einem Ortstermin in Auschwitz wurden die Zeugenaussagen überprüft. »Konnte er das sehen? Konnte er das hören? Sichtproben haben das bestätigt, Hörproben haben das bestätigt«, berichtet Wiese. Dabei seien auch die Anwälte, die den Ortstermin zunächst wie einen Betriebsausflug angesehen hatten, ruhiger und nachdenklicher geworden. »Ist schon beeindruckend, geht ans Innere. Das geht gar nicht anders, kann gar nicht ausbleiben«, beschreibt Wiese seine eigene Reaktion.

Auch die Öffentlichkeit reagierte auf den Prozess. Als Generalstaatsanwalt Fritz Bauer die Ermittlungen eingeleitet hatte, wollte die Mehrheit der Deutschen von der NS-Vergangenheit am liebsten nichts mehr wissen. Jetzt wurde die Debatte über die Verjährung von NS-Verbrechen neu geführt, und die Verjährungsfrist, die 1965 ausgelaufen wäre, zunächst hinausgeschoben. Erst 1979 wurde die Verjährungsfrist für Mord schließlich aufgehoben.

Der Chefankläger im Frankfurter Auschwitz-Prozess, Generalstaatsanwalt Fritz Bauer, © szombat politikai kulturális

Am 20. August 1965 endete der Frankfurter Auschwitz-Prozess. Sechs Angeklagte wurden zu lebenslangen Zuchthausstrafen verurteilt, die anderen zu unterschiedlich langen Freiheitsstrafen, drei wurden aus Mangel an Beweisen freigesprochen. »Wir haben natürlich gehofft, dass es für alle ausreicht«, sagt Wiese. Aber die Beweise hätten eben nicht gereicht.

Nicht nur Gerhard Wiese war enttäuscht über die Freisprüche. Aber was der Prozess jenseits der einzelnen Schuldsprüche erreicht hatte, war, dass die furchtbaren Tatsachen von Auschwitz nun nicht mehr geleugnet werden konnten. Schilderungen von Opfern hatte es auch vorher gegeben, aber: »Man konnte sagen: ›Die übertreiben.‹ Und da jeder Bericht über Auschwitz übertrieben klingt, konnte man das leicht sagen«, so der Auschwitz-Überlebende Hermann Langbein. Das sei nach dem Frankfurter Auschwitz-Prozess anders gewesen: »Was jetzt bestehen bleibt in diesem Prozess, das ist zweifellos nur ein Teil der Wahrheit, aber das ist Wahrheit.«

Quelle: NDR Norddeutscher Rundfunk

Die Angeklagten leugneten durchweg jede Beteiligung an Verbrechen in Auschwitz. Boger selbst beleidigte und verhöhnte Zuschauer und verwendete im Gerichtssaal den Hitlergruß. Er sagte aus, dass es für ihn während der nationalsozialistischen Herrschaft nur den Gesichtspunkt gab, die gegebenen Befehle des Vorgesetzten ohne Einschränkung auszuführen.

Der Frankfurter Auschwitz-Prozess 1963, © NDR

Auschwitz-Prozess in Frankfurt a. M.
19. August 1965.

Das Urteil
im Fall Wilhelm Boger, Lager-Gestapo

Mord in 5 Fällen,
Gemeinschaftlicher Mord in 109 Fällen,
Beihilfe zum gemeinschaftlichen Mord
in mindestens 1010 Fällen.

Lebenslang Zuchthaus, zusätzlich 15 Jahre.

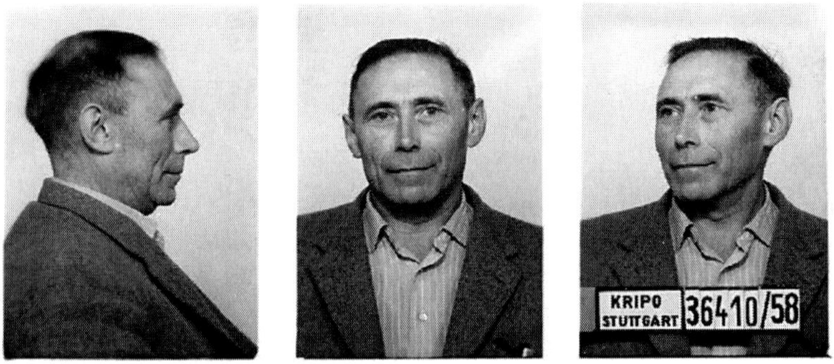

Wilhelm Boger beim Erkennungsdienst, © Zeichen der Erinnerung

Die Angeklagten leugnen die Taten oder behaupten, zu ihren Verbrechen gezwungen worden zu sein. Nach 20 Monaten Verhandlungsdauer erhalten 6 der Angeklagten eine lebenslange Haft, 11 werden zu Haftstrafen zwischen 3¼ und 14 Jahren verurteilt, 3 aus Mangel an Beweisen freigesprochen.

Fritz Bauer – Kämpfer für Gerechtigkeit

Die Bundesrepublik in den 1950er- und 1960er-Jahren: Es ist die Zeit des Kalten Krieges und des Wiederaufbaus. An den Nationalsozialismus möchte kaum jemand erinnert werden. Doch einige Menschen glauben, dass eine demokratische Zukunft auch die Aufarbeitung der deutschen Geschichte benötigt. Einer von ihnen ist Fritz Bauer, der Ankläger im sogenannten Auschwitz-Prozess.

Am 16. Juli 1903 wird Fritz Bauer in Stuttgart geboren. Er studiert in Heidelberg, München und Tübingen Rechtswissenschaften und wird 1927 zum Dr. jur. promoviert. In Stuttgart wird er 1930 der jüngste Amtsrichter Deutschlands. Die »Geheime Staatspolizei« (Gestapo) inhaftiert Bauer 1933 für mehrere Monate im Lager Stetten auf der Schwäbischen Alb, 1936 muss er aus politischen und als Jude aus religiösen Gründen aus Deutschland fliehen.

In Dänemark und Schweden gehört er zu einem Kreis politisch aktiver Exilanten. Mit Willy Brandt gründet er die »Sozialistische Tribüne«, das Organ der sozialdemokratischen Partei im Exil.

Nach Kriegsende holt ihn der SPD-Vorsitzende Kurt Schumacher nach Deutschland. 1950 wird er zum Generalstaatsanwalt nach Braunschweig berufen. Von dort aus, später als Generalstaatsanwalt von Frankfurt am Main, initiiert Fritz Bauer mehrere bedeutende Verfahren, die sich mit dem Unrechtsstaat der Nationalsozialisten und seinen Folgen befassen.

Als Fritz Bauer 1949 aus dem Exil nach Deutschland zurückkehrt, ist die deutsche Justiz noch immer durchdrungen von nationalsozialistischem Gedankengut. Die demokratischen Ideale der Weimarer Zeit hatten nur bei wenigen Menschen gefruchtet.

Fritz Bauer betrachtet es als seine dringlichste Aufgabe, die Demokratie in Deutschland zu stärken. Zu dieser Zeit herrscht die Meinung vor, dass nun endlich Schluss sein müsse mit der Verfolgung der Täter des NS-Systems. Bauer hingegen fordert die intensive Auseinandersetzung mit der Geschichte. Sein erster richtungweisender Prozess findet 1952 in Braunschweig statt: der Remer-Prozess. Otto Ernst Remer, der als Kommandeur des Wachbataillons dazu beigetragen hatte, dass der Umsturzversuch vom 20. Juli 1944 scheiterte. Remer ist 1952 Redner auf einer Veranstaltung der Reichspartei (SRP), öffentlich beschimpft er die Widerstandskämpfer des 20. Juli als Hochverräter. Remer muss sich dafür vor Gericht verantworten. Das Plädoyer, das Fritz Bauer in diesem Prozess hält, macht ihn einer breiteren Öffentlichkeit bekannt.

»Die Helden des 20. Juli sind ohne Einschränkung zu rehabilitieren«, fordert Fritz Bauer und begründet dies damit, dass der NS-Staat eben kein Rechtsstaat, sondern ein Unrechtsstaat gewesen sei. »Und ein Unrechtsstaat ist überhaupt nicht hochverratsfähig«. Eine Urteilsfindung, die in den 1950er Jahren in Deutschland eine Ausnahme darstellt. Auch in den folgenden Jahren bleibt der überwiegende Teil der deutschen Justiz der Meinung, dass das NS-Rechtssystem zu akzeptieren sei. Erst ein halbes Jahrhundert nach Kriegsende hebt der Deutsche Bundestag pauschal die NS-Kriegsgerichtsurteile auf. Am 28. Mai 1998 beendet das »Gesetz über die Aufhebung nationalsozialistischer Unrechtsurteile in der Strafrechtspflege«, offiziell eine Rechtsprechung, die jahrzehntelang die Mörder von einst geschont und die Verfolgten und Widerstandskämpfer gewissermaßen zum zweiten Mal verurteilt hat.

Bauer setzt sich auf vielfältige Weise für ein neues Demokratieverständnis in Deutschland ein. Er engagiert sich für einen humanen Strafvollzug und organisiert zusammen mit Alexander Mitscherlich die Bürgerrechtsbewegung »Humanistische Union«. Er ist Mitherausgeber der Zeitschrift »Die neue Gesellschaft« und unterstützt junge Juristen bei der Herausgabe der Zeitschrift »Die kritische Justiz«.

Adolf Eichmann beim Prozess in Jerusalem, 1961, Foto: timesofisrael

Der Henker von Auschwitz, der ehemalige SS-Obersturmbannführer Adolf Eichmann, wird auf einen Hinweis Fritz Bauers hin, 1960 in Argentinien aufgespürt und vom israelischen Geheimdienst »Mossad« nach Israel entführt. Insbesondere der

Eichmann-Prozess in Jerusalem weckt schließlich auch bei vielen Deutschen ein Bedürfnis nach Aufklärung der deutschen Vergangenheit.

Währenddessen steckt Fritz Bauer schon mitten in den Vorbereitungen zum Auschwitz-Prozess, der 18 Jahre nach Kriegsende einen Höhepunkt in der Auseinandersetzung darstellen wird. Es wird das bis dahin größte Schwurgerichtsverfahren in der deutschen Justizgeschichte.

Dass es überhaupt zu dem Prozess kommt, ist dem Engagement einiger Weniger zu verdanken: Der frühere Auschwitz-Häftling Hermann Langbein erfährt, dass der ehemalige KZ-Aufseher Wilhelm Boger in Deutschland lebt. Er wendet sich an die Staatsanwaltschaft in Stuttgart, um Strafanzeige zu stellen. Doch in Stuttgart bleiben die Akten zunächst liegen.

Erst im Herbst 1958 wird Boger verhaftet. Fast zur gleichen Zeit erhält Fritz Bauer von dem Journalisten Thomas Gnielka eine Liste mit Namen von SS-Männern, die an Erschießungen in Auschwitz beteiligt gewesen sein sollen. Fritz Bauer holt den Prozess nach Frankfurt. Zwei Jahre lang recherchiert die Staatsanwaltschaft umfassend.

Fritz Bauer sorgt dafür, dass die jungen Staatsanwälte, die er beauftragt hat, in Auschwitz vor Ort recherchieren können. Zur damaligen Zeit ist das ein riesiger Schritt – schließlich ist es die Zeit des Kalten Krieges und zu Polen bestehen keine diplomatischen Beziehungen.

Mit Hilfe der polnischen Akten gelingt es, genug Informationen zusammenzutragen. Nach zwei Jahren Ermittlungsarbeit eröffnet die Staatsanwaltschaft im Juli 1961 die gerichtliche Voruntersuchung. Die Hauptverhandlung findet von Dezember 1963 bis August 1965 in Frankfurt statt.

Die Urteile im Auschwitz-Prozess fallen eher mild aus: 17 Angeklagte werden wegen insgesamt 15209 Morden verurteilt. Nur sechs der Angeklagten werden als Täter verurteilt, die übrigen lediglich als Gehilfen. Dennoch machen die gesellschaftlichen Auswirkungen den Auschwitz-Prozess zu einem Meilenstein in der Geschichte der Aufarbeitung der deutschen Vergangenheit.

Dank der langen Vorrecherche und der Zeugenaussagen kann sich die Bevölkerung zum ersten Mal ein Bild von dem Ausmaß verschaffen, wie die Vernichtungsmaschinerie in Auschwitz funktionierte.

Nie zuvor ist in einem deutschen Verfahren so ausführlich darüber berichtet worden, was in Auschwitz geschah.

Der Auschwitz-Prozess brachte verhältnismäßig milde Strafen. Mehr als 200 Überlebende von Auschwitz sind als Zeugen zu dem Prozess geladen. In der Presse und in der Literatur beginnt ein neues Nachdenken über die Geschichte Deutschlands.

Und dennoch: breite Teile der Bevölkerung sind auch 1965 noch nicht bereit, sich mit dem Thema auseinanderzusetzen. Fritz Bauer sieht sogar sich ständigen Beschimpfungen und anonymen Todesdrohungen ausgesetzt. Seine Hoffnung gilt deshalb immer auch der Jugend.

Ein Jahr vor seinem Tod sagt er in einem Interview: »Ich würde mir wünschen, dass junge Leute von heute vielleicht denselben Traum von Recht besäßen, den ich einmal hatte; und dass sie das Gefühl haben, dass das Leben einen Sinn hat, wenn man für Freiheit, Recht und Brüderlichkeit eintritt.«

Nicht allein die Bestrafung der Angeklagten steht für Bauer im Vordergrund, sondern die Schaffung eines demokratischen Rechtsbewusstseins. Sein letztes Verfahren, das er ab 1965 plant, betrifft die Justiz im Nationalsozialismus. Doch Fritz Bauer stirbt am 1. Juli 1968 im Alter von 64 Jahren. Die NS-Justiz wird in der Bundesrepublik anschließend von niemandem mehr zur Rechenschaft gezogen. Sein Tod wirft Fragen nach der Ursache auf und bleibt am Ende ungeklärt. Quelle: Planet Wissen

Generalstaatsanwalt Fritz Bauer in seinem Büro in Frankfurt, Foto: Spiegel online

Fritz Bauer: *»Ich wollte ein Jurist sein, der dem Gesetz und Recht der Menschlichkeit und dem Frieden nicht nur Lippenbekenntnisse leistet.«*

Burghart Klaußner in der Rolle des Fritz Bauer im Film »Der Staat gegen Fritz Bauer«, 2015, Quelle: filmrezensionen.de

Burghart Klaußner über Fritz Bauer, 23. September 2015 im Interview mit der Rheinischen Post:

»Fritz Bauer hat sich ein Leben lang an seinem Thema, dem Umgang mit den Nazi-Verbrechern, abgearbeitet, auf Kosten seiner Gesundheit und unter Verzicht auf ein freieres Leben.«

D 5/I 4/5 – 527/58 2. Sept. 1958

An die
Staatsanwaltschaft Stuttgart
z. Hd. von Herrn Staatsanwalt Weber
Stuttgart

Betr.: Anzeige gegen Wilhelm B o g e r
geb. am 19. 12. 1906 in Stuttgart-Zuffenhausen
wohnhaft: Hemmingen, Kreis Leonberg
wegen Verbrechen im KZ
Bezug: Dortiges Ersuchen vom 18. 8. 1958
Az. 16 Js 1273/58

Der o. g. Wilhelm Boger ist hier beim Landeskriminalamt und dem Amt für Verfassungsschutz Baden-Württemberg in krimineller und politischer Hinsicht ohne Vorgänge.

Die Kriminalaußenstelle in Leonberg hat auf eine Anfrage folgendes mitgeteilt:

Boger ist am 1. 7. 1951 mit seiner Ehefrau Marianne, geb. Ittner, geb. 9. 3. 1917 in Grasseth/CSR, von Niederwels kommend in Hemmingen, Kreis Leonberg, Sauchertstr. 12 zugezogen. Über Vorstrafen des

Boger ist hier nichts bekannt. Er ist bis jetzt weder in polizeilicher noch in politischer Hinsicht hier in Erscheinung getreten. Boger arbeitet als Einsteller bei der Firma Heinkel in Stuttgart-Zuffenhausen. Boger war angeblich vor dem Krieg bei der Kriminalpolizei in Friedrichshafen beschäftigt. Von dort soll er ohne sein Zutun zur Gestapo abgestellt worden sein. Vor Kriegsende soll er sich in der CSR aufgehalten haben. Über seine dortige Tätigkeit ist bis jetzt nichts bekannt geworden. In Gefängnishaft soll er nicht gekommen sein, da er es verstanden habe, 1½ Jahre unter falschen Personalien zu leben.

Ob, und in welcher Zeit Boger Aufseher im KZ Auschwitz war, konnte bis jetzt nicht in Erfahrung gebracht werden.

Wir haben über Boger noch bei der Kriminalpolizei in Friedrichshafen, sowie beim Document Center Berlin und der Wehrmachtsauskunftsstelle in Berlin-Wittenau nachgefragt. Die entsprechenden Berichte sind noch nicht eingegangen. und werden nachträglich vorgelegt.

I. A. Weida

Kriminaloberkommissar

Staatsanwaltschaft bei dem Landgericht Stuttgart
JS 16 – 1273/58

Stuttgart, den 9. 10. 1958

Mit Eilmappe

Über den Abteilungsvorstand I
an den
Herrn Oberstaatsanwalt
im Hause

In der Ermittlungssache wegen B o g e r ist der Beschuldigte gestern festgenommen und auftragsgemäß von der Kriminalpolizei vernommen worden. Nach Mitteilung des vernehmenden Beamten hat Boger jede strafbare Handlung bestritten. Boger wird heute dem Haftrichter zugeführt. Ich beabsichtige ihn so bald als möglich zu vernehmen.

Ein Antwortschreiben an Herrn Langbein habe ich entworfen und lege es mit den Bezugsvorgängen vor.

Bericht an das Ministerium folgt.

gez. Weber

Dieser Melde- und Personalbogen ersetzt **nicht** einen Antrag auf Zahlung von Versorgung. Ein solcher Antrag ist besonders bei der zuständigen Versorgungsdienststelle einzureichen.

zurückgestellt 3/7.54

20.12.53 Leonberg

Raum für den Eingangsstempel

I/405

Nummer der Meldeliste

Melde- und Personalbogen I

zu § 81 des Bundesgesetzes zu Artikel 131 GG
in der Fassung vom 1. September 1953 (BGBl. I S. 1287).

Nr. 1. März 1954

1	Zuname	Vorname	Geburtstag	Geburtsort	Amtsbezeichnung (Dienstgrad) am 8. 5. 1945
	Boger,	Friedrich Wilhelm	19.12.06	Zuffenhausen	Kriminalsekretär

2	Jetziger Wohnort	Kreis	Straße und Hausnummer
	Hemmingen	Leonberg	Seestrasse (Neubau Rapp)

3	Wohnort am 8. 5. 1945 *) ~~oder~~ vor der ~~Flucht~~ (Vertreibung) am 26.3.46 *)	Ort	Kreis	Reg.-Bezirk
		Grasseth, (C.S.R.)	Falkenau/Eger	Karlsbad.

4 In das Bundesgebiet ~~(Berlin-West)~~ erstmals zugezogen am 1.9.1949
aus Gefangenschaft nach Schmalfelden, Kreis Crailsheim
Wohnort am 31. 3. 1951 in Niederwetz, Kreis Wetzlar, (Land: Hessen)

5 (Nur auszufüllen, wenn Wohnsitz oder dauernder Aufenthalt nach dem 31. 3. 1951 im Bundesgebiet (Berlin-West) genommen worden ist.)
Wohnsitz oder dauernden Aufenthalt im Bundesgebiet genommen:
a) ~~als Heimkehrer (§ 1 des Heimkehrergesetzes) *)~~
(Abschrift der Heimkehrerbescheinigung beifügen)
b) im Anschluß an die Aussiedlung (§ 1 Abs. 2 Nr. 3 des Bundesvertriebenengesetzes) *) **)
(Nr. des Flüchtlingsausweises 404156, ausgestellt durch Landratsamt Crailsheim)
c) ~~im Anschluß an die Rückkehr aus fremden Staaten (aus~~) *)
d) ~~als Sowjetzonenflüchtling (§ 3 des Bundesvertriebenengesetzes) *) **)~~
~~(Nr. des Flüchtlingsausweises~~ , ~~ausgestellt durch~~)

6 Familienstand: ~~ledig~~ — verheiratet — ~~verwitwet — getrennt lebend — geschieden~~ — *) seit 24.4.1941 (2. Ehe)

7 Ich habe für — ~~keine~~ — folgende — *) Kinder zu sorgen:

Vor- und Zuname	Geburtstag	Befindet sich in Schul- oder Berufsausbildung		Eigenes Einkommen (auch Sachbezüge) DM mtl.
1. Ulf Heinar Boger	16.7.31	Schüler des Pädagog. Instit. Weingarten	Berufs-Ausbildg. Lehrer	0
2. Ute Marianne Boger	22.12.40	Schülerin	Volks-Schul-Ausbildg.	0
3. Heike Ursula Boger	8.1.45	Schülerin		0
4. Elke Bärbel Boger	21.4.48	Kind, noch nicht schulpfl.		0

8 a) Durch rechtskräftigen Kategorisierungs-(Entnazifizierungs-, Spruchkammer-)Bescheid ✕ wurden — keine — ~~folgende~~ — *) noch jetzt wirksamen Einschränkungen verfügt; vergl. Spruchkammer-Beschluss der
✕ Zentral-Spruchkammer für Nord-Württemberg und Nord-Baden in Stuttgart vom 15.1.1951 – Akt.-Zeichen 9/44/497.
b) ~~Ich bin bisher nicht entnazifiziert *)~~

9 ~~Als Schwerbeschädigter anerkannt *)~~
~~durch~~ Entfällt. ~~(Beschädigung v. H.)~~

*) Nichtzutreffendes streichen.
**) Für die Anwendung des Gesetzes zu Art. 131 GG bedarf es einer Gleichstellung durch die oberste Dienstbehörde (§ 4 Abs. 1 Nr. 2 b, Abs. 2).

Bestell-Nr. 034/540 – Melde- und Personalbogen I. – amtl. Muster – Deutscher Gemeindeverlag GmbH. – W. Kohlhammer-Verlag – T – Bsa 54

10 Vorbildung X Bürgerschule II Stuttgart – Mittlere Reifeprüfung am 21.3.1922

a) ~~Volksschule von~~ ~~bis~~

X Mittelschule von April 1913 bis 21. April 1922

Städt. Handelsschule Stuttgart vom 1.5.1922 bis 30.4.1924

~~b) Hochschulstudium, Art:~~ Kaufm. Lehrl. Prüfung am 6./7.3.1924 ~~Zahl der Semester:~~

von … bis … und von … bis …

Abschlußprüfung am … Hochschule: …

~~Promotion zum Dr. … am … Hochschule:~~

c) Fachschulstudium, Art: Polizeifachschule Stuttgart ~~von~~ 1936 ~~bis~~

(auch Wehrmachtfachschule)

Abschlußprüfung: Kriminal-Anwärter-Prüfung – Note: Gut am 1936

11 **Beruflicher Werdegang bis zum 8. Mai 1945**

Erster Eintritt in den öffentlichen Dienst (~~berufsmäßigen Wehrdienst – Reichsarbeitsdienst~~ –*)

am 18. März 1933 bis 1. Juli 1933

als Hilfspolizeibeamter

bei der Württ. Polizeidirektion Friedrichshafen, Einzeldienst (Revier)

a) **Werdegang als Beamter** ~~(oder TSD-Offizier)~~ *) **) Siehe Anlage L1

Vorbereitungsdienst als Kriminal-Angestellter von 1.7.1933 bis 14.3.1937

Prüfung für Laufbahn Mittlerer Kriminalpolizei-Vollzugsdienst abgelegt am 1936

Ernennung zum außerplanmäßigen Beamten (Beamten auf Widerruf)

als … am …

Erste planmäßige Anstellung als Kriminal-Kommissar (Sekretär) im Württ. Landesdienst am 15.3.1937

Ernennung zum Beamten – auf Lebenszeit – ~~auf Zeit~~ –*)

als Kriminal-Kommissar (ab 1.4.37 Kriminal-Sekretär) am 15.3.1937

~~Beförderungen~~

am … zum … Bes.-Gr. …

am … zum … Bes.-Gr. …

am … zum … Bes.-Gr. …

am … zum … Bes.-Gr. …

~~Versetzung in den Wartestand am~~

~~b) Werdegang als – Berufssoldat – Führer des Reichsarbeitsdienstes –~~ *) **)

Dienstgrad … Bes.-Gr. … von … bis …

… Bes.-Gr. … von … bis …

… Bes.-Gr. … von … bis …

… Bes.-Gr. … von … bis …

… Bes.-Gr. … von … bis …

… Bes.-Gr. … von … bis …

… Bes.-Gr. … von … bis …

c) **Werdegang als – Angestellter – Arbeiter des öffentlichen Dienstes** –*) **)

Tarif … Verg.-(Lohn-)Gr. … von … bis …

… Verg.-(Lohn-)Gr. … von … bis …

… Verg.-(Lohn-)Gr. … von … bis …

… Verg.-(Lohn-)Gr. … von … bis …

… Verg.-(Lohn-)Gr. … von … bis …

Dienstzeitunterbrechungen von … bis … (Hierzu eine Erklärung über die Gründe für die Unterbrechung beifügen)

von … bis …

d) **Beendigung des Dienstverhältnisses**

~~am … durch …~~

(z. B. Eintritt in den Ruhestand, Dienstzeitablauf usw.)

e) **Rechtsverhältnisse am 8. Mai 1945**

Allgemeiner Rechtsstand: Beamter auf Lebenszeit (Kriminal-Sekretär)

(z. B. Beamter auf Lebenszeit, Ruhestandsbeamter, Berufsunteroffizier, Angestellter mit vertraglichem Anspruch auf Versorgung nach beamtenrechtlichen Grundsätzen, Tarifangestellter usw.)

Letzte Bezüge: – Dienstbezüge – ~~Ruhegehalt – Vergütung – Lohn~~ –*)

nach der – Bes.- – ~~Verg.~~ –*) Gruppe A 7 a Stufe 5

mit einem Besoldungsdienstalter vom 1.10.1935

in Höhe von … RM monatlich (ohne Kinderzuschläge).

Letzte Fachverwaltung Deutsche Sicherheitspolizei – Reichs-Sicherheits-Hauptamt Berlin

Letzte Dienststelle Grenz-Polizei-Kommissariat in Friedrichshafen

Letzte zahlende Kasse ab 1.1.1945 Regierungshauptkasse Karlsbad.

*) Nichtzutreffendes streichen.

**) Angaben bei Nr. 11 zu jedem der Buchstaben a, b und c auch dann machen, wenn die zeitliche Reihenfolge eine andere als die Aufführung in diesem Meldebogen ist.

10 Vorbildung X Bürgerschule II Stuttgart – Mittlere Reifeprüfung am 21.3.1922

a) ~~Volksschule von~~ ~~bis~~

X Mittelschule von April 1913 bis 21. April 1922

Städt. Handelsschule Stuttgart vom 1.5.1922 bis 30.4.1924

~~b) Hochschulstudium, Art:~~ Kaufm. Lehrl. Prüfung am 6./7.3.1924 ~~Zahl der Semester:~~

von bis und von bis

Abschlußprüfung am Hochschule:

~~Promotion zum Dr. am Hochschule:~~

c) Fachschulstudium, Art: Polizeifachschule Stuttgart ~~von~~ 1936 ~~bis~~

(auch Wehrmachtfachschule)

Abschlußprüfung: Kriminal-Anwärter-Prüfung – Note: Gut am 1936

11 **Beruflicher Werdegang bis zum 8. Mai 1945**

Erster Eintritt in den öffentlichen Dienst (~~berufsmäßigen Wehrdienst — Reichsarbeitsdienst —~~)*)

am 18. März 1933 bis 1. Juli 1933

als Hilfspolizeibeamter

bei der Württ. Polizeidirektion Friedrichshafen Einzeldienst (Revier)

a) **Werdegang als Beamter** ~~(oder TSD-Offizier)~~ *) **) Siehe Anlage L1

Vorbereitungsdienst als Kriminal-Angestellter von 1.7.1933 bis 14.3.1937

Prüfung für Laufbahn Mittlerer Kriminalpolizei-Vollzugsdienst abgelegt am 1936

Ernennung zum außerplanmäßigen Beamten (Beamten auf Widerruf)

als am

Erste planmäßige Anstellung als Kriminal-Kommissar (Sekretär) im Württ. Landesdienst am 15.3.1937

Ernennung zum Beamten — auf Lebenszeit — ~~auf Zeit~~ —*)

als Kriminal-Kommissar (ab 1.4.37 Kriminal-Sekretär) am 15.3.1937

~~Beförderungen~~

am zum Bes.-Gr.

am zum Bes.-Gr.

am zum Bes.-Gr.

am zum Bes.-Gr.

~~Versetzung in den Wartestand am~~

~~b) **Werdegang als — Berufssoldat — Führer des Reichsarbeitsdienstes —*) **)**~~

Dienstgrad Bes.-Gr. von bis

Bes.-Gr. von bis

Bes.-Gr. von bis

Bes.-Gr. von bis

Bes.-Gr. von bis

Bes.-Gr. von bis

Bes.-Gr. von bis

c) **Werdegang als — Angestellter — Arbeiter des öffentlichen Dienstes —*) **)**

Tarif Verg.-(Lohn-)Gr. von bis

Verg.-(Lohn-)Gr. von bis

Verg.-(Lohn-)Gr. von bis

Verg.-(Lohn-)Gr. von bis

~~Verg.-(Lohn-)Gr. von bis~~

Dienstzeitunterbrechungen von bis (Hierzu eine Erklärung über die Gründe für die Unterbrechung beifügen)

von bis

d) **Beendigung des Dienstverhältnisses**

~~am~~ durch

(z. B. Eintritt in den Ruhestand, Dienstzeitablauf usw.)

e) **Rechtsverhältnisse am 8. Mai 1945**

Allgemeiner Rechtsstand: Beamter auf Lebenszeit (Kriminal-Sekretär)

(z. B. Beamter auf Lebenszeit, Ruhestandsbeamter, Berufsunteroffizier, Angestellter mit vertraglichem Anspruch auf Versorgung nach beamtenrechtlichen Grundsätzen, Tarifangestellter usw.)

Letzte Bezüge: — Dienstbezüge — ~~Ruhegehalt — Vergütung — Lohn~~ —*)

nach der — Bes. — ~~Verg.~~ —*) Gruppe A 7 a Stufe 5

mit einem Besoldungsdienstalter vom 1.10.1935

in Höhe von RM monatlich (ohne Kinderzuschläge).

Letzte Fachverwaltung Deutsche Sicherheitspolizei – Reichs-Sicherheits-Hauptamt Berlin

Letzte Dienststelle Grenz-Polizei-Kommissariat in Friedrichshafen

Letzte zahlende Kasse ab 1.1.1945 Regierungshauptkasse Karlsbad.

*) Nichtzutreffendes streichen.

**) Angaben bei Nr. 11 zu jedem der Buchstaben a, b und c auch dann machen, wenn die zeitliche Reihenfolge eine andere als die Aufführung in diesem Meldebogen ist.

		Einkommensangabe monatl. DM
16	Ich bin zur Zeit **im öffentlichen Dienst** beschäftigt*) als: — Beamter auf Lebenszeit — Beamter auf Widerruf — Angestellter — Arbeiter —*) im höheren — gehobenen — mittleren — einfachen — Dienst*) bei …… (Bezeichnung und Anschrift der Beschäftigungsstelle) Meine derzeitige Amtsbezeichnung lautet: …… Ich erhalte Bezüge (Gehalt — Vergütung) nach: Besoldungsordnung …… Bes.-Gruppe …… Stufe ……*) Tarif …… Vergüt.-Gruppe …… Stufe ……*) Mein monatlicher Bruttoverdienst beträgt:	—
17	Ich bin zur Zeit **nicht** im öffentlichen Dienst wiederverwendet, aber beschäftigt: — ~~selbständig~~ — als — ~~mithelfendes Familienmitglied — Angestellter~~ — Arbeiter —*) bei Firma und habe einen monatlichen Bruttoverdienst von / E. Heinkel, A.-G, Stgt.-Zuffenhausen	400.– durchschnittl.
18	Ich bin zur Zeit beschäftigungslos und erhalte*) Neben dem bei — 16 — 17 —*) angegebenen Einkommen erhalte ich*) a) laufende Wohlfahrtsunterstüzung in Höhe von monatlich von …… b) Arbeitslosen — Arbeitslosenfürsorge — Unterstützung in Höhe von monatlich von dem Arbeitsamt in …… c) Unterhaltshilfe nach dem Lastenausgleichsgesetz in Höhe von monatlich von …… d) Rente nach dem Bundesversorgungsgesetz in Höhe von monatlich von dem Versorgungsamt in …… e) Rente aus der — Angestelltenversicherung — Invalidenversicherung — Knappschaftsversicherung — Unfallversicherung —*) in Höhe von monatlich	— — — — —
19	Ich bin seit 8. 9. 1950 in der — Invalidenversicherung — ~~Knappschaftsversicherung — Angestelltenversicherung~~ —*) pflichtversichert — ~~freiwillig versichert~~ —*)	
20	Ich habe bisher noch keinen Melde- und Personalbogen abgegeben und noch keinen Antrag auf Versorgung gestellt*) ~~Mein Antrag auf~~ …… (~~eingereicht~~ am ……) ~~bei~~ …… ~~in~~ …… ~~ist am~~ …… ~~von~~ …… ~~in~~ …… (~~Aktenzeichen~~ ……) ~~rechtskräftig abgelehnt worden.*)~~	

Ich erkläre pflichtgemäß, daß meine vorstehenden Angaben richtig sind und ich die vorstehenden Fragen nach bestem Wissen beantwortet habe. Mir ist bekannt, daß ich im Falle unrichtiger Angaben strafrechtlich und disziplinarrechtlich verfolgt werde.

Hemmingen, den 29.12.1953.
(Ort und Datum)

Friedrich Wilhelm Boger
(Unterschrift, Vor- und Zuname)

*) Nichtzutreffendes streichen.

Amtsgericht Stuttgart, den 9. 10. 1958
HR Gs 3904/58
Gegenwärtig:
Gerichtsassessor Daiber, als Richter
Justiz-Angest. Seifert, als Urkundsbeamter

Strafsache gegen Wilhelm B o g e r wegen Mordes

H a f t – E i l t

Vorgeführt erschien der Beschuldigte. Es wurde ihm eröffnet, welche strafbare Handlung ihm zur Last gelegt wird.

Dem Beschuldigten wurde der Haftbefehl des Amtsgerichts Stuttgart – B 11 GS 3781/58 – vom 2. 10. 1958 eröffnet und unter Rechtsmittelbelehrung in Vollzug gesetzt.

Der Beschuldigte erklärt:
Ich bin die im Haftbefehl genannte Person.

Zu der Anschuldigung, ich hätte im Lager Auschwitz eine Person erschossen, habe ich lediglich zu sagen, dass ich es nicht getan habe. Ich habe niemand im Lager erschossen, nicht einmal von meiner Waffe in Ausübung meines Dienstes Gebrauch ge-

gemacht, wenn dies im Dienst geboten gewesen wäre. Ich war derart beschäftigt, dass ich nie einmal während meiner Tätigkeit in Auschwitz an einer dienstlich befohlenen Schießübung teilnehmen konnte. Der Belastungszeuge Scheitel ist mir namentlich nicht in Erinnerung und nicht bekannt. Ich kann heute nicht sagen, ob ich ihn jemals gekannt habe.

Ich kann mir die Anzeige gegen mich nur so erklären, dass ehemalige kriminelle Häftlinge, die als Kapos im Lager waren, mich angezeigt haben, weil sie versuchen wollten, auf diese Weise eine Haftentschädigung zu bekommen, die sie sonst nicht erhalten würden. Ich habe einen ähnlichen Fall schon erlebt. Ich bitte darum, dass meine Entnazifizierungsakten von der Zentralspruchkammer Nordwürttemberg herbeigezogen werden, ferner Akten von der Staatsanwaltschaft Ravensburg betr. ein Wiederaufnahmeverfahren gegen meine Person wegen Körperverletzung im Amt. Das Aktenzeichen werde ich noch aus den bei mir befindlichen Papieren herbeischaffen. Zur Charakterisierung meiner Person ist auch eine weitere Zuziehung von Akten erforderlich, die ich im einzelnen näher bezeichnen werde. In diesem Zusammenhang will ich nur erwähnen, dass ich vor der Kriegszeit ein Verfahren gegen mich anhängig hatte, wegen Waffengebrauch gegen einen SS-Angehörigen. Ferner während des Krieges wegen militärischem Ungehorsam belangt wurde, weil ich es abgelehnt hatte, einen unbequem gewordenen Hauptmann, anlässlich einer Jagd durch vorgetäuschten Jagdunfall zu beseitigen.

Erst infolge dieser Umstände kam ich nach Auschwitz. Ich werde bei nächster Gelegenheit dem Staatsanwalt Personen, die zu meiner Entlastung aussagen können, benennen. Im Augenblick sind mir als solche bekannt: ein Rechtsanwalt Dr. Morgen in Mainz oder Worms. Er ist im Ulmer Prozess [Einsatzgruppenprozess ab 1958] als Zeuge aufgetreten, ferner ein Kriminalrat Vetter oder ähnlich, vom früheren Reichskriminalamt. Ferner Herr Engelbrecht, Kriminaldirektor a. D, er wohnt in Neckartailfingen, beschäftigt bei der Hypothekenbank in Stuttgart.

s. g. u.

gez. Wilhelm Boger

Ich bitte zu verständigen:

Frau Marianne Boger, Hemmingen.

gez. Seifert

Wien, den 29. Mai 1958

Aussage von Hermann Langbein, geb. am 18. 5. 1912 in Wien, wohnh. Wien, Weigandhof 5
über Boger,
seinerzeit Oberscharführer bei der Politischen Abteilung im Konzentrationslager Auschwitz.

Ich war vom August 1942 bis August 1944 als Häftling im KZ Auschwitz und trug dort die Häftlingsnummer 60355. Ich bin Inhaber der Amtsbescheinigung Nr. 4482/1949 nach dem Österreichischen Opferfürsorgegesetz.

Im Auschwitz war ich als Häftlingsschreiber beim SS-Standortarzt tätig und hatte dadurch einen größeren Überblick über die Vorkommnisse in diesem KZ. Mir war bekannt, dass durch die Politische Abteilung laufend Häftlinge in den Bunker (Block 11) eingeliefert wurden, sei es, weil sie im Lager denunziert wurden, oder sei es, dass sie von der Gestapo-Abteilung, die sie ins Lager eingeliefert hatte, als Geisel bezeichnet wurden. Es ist mir bekannt, dass die Politische Abteilung bei ihren Verhören die grausamsten Foltermethoden anwandte.

Im Museum von Auschwitz ist heute noch das Bunkerbuch erhalten, aus dem zu ersehen ist, dass die allermeisten in den Bunker eingelieferten Häftlinge, dort an der schwarzen Wand zwischen Block 10 und 11 erschossen worden sind.

Es ist mir bekannt, dass Oberscharführer Boger neben dem Leiter der Politischen Abteilung Maximilian Grabner (bis Oktober 1943) und SS-Unterscharführer Lachmann der berüchtigste Mann der Politischen Abteilung war.

Ich habe Boger des öfteren gesehen. Einmal hatte ich direkt mit ihm zu tun. Von Ende August 1943 bis Anfang November dieses Jahres war ich selbst im Bunker Block 11. Meinen Fall behandelte SS-Unterscharführer Lachmann. Eines Tages aber holte mich Oberscharführer Boger aus der Zelle, führte mich hinauf in das Dienstzimmer der SS in Block 11 und fragte mich, ob ich wisse, dass ein Pole – dessen Name mir inzwischen entfallen ist – der in derselben Zelle wie ich war, illegal von dort aus korrespondiere. Ich sagte, dass ich nichts von einer solchen Korresspondenz wisse. Darauf führte mich Boger wieder zu meiner Zelle, befahl, dass sich alle Zelleninsaßen nackt ausziehen und untersuchte die Kleider als auch uns nackten Häftlinge. Dabei fand er bei dem Polen einen Zettel. Nun schlug er ihm brutal ins Gesicht und sagte dazu, dass er nicht glauben solle, dass er ihn deswegen nicht schlagen würde, weil der Pole Offizier sei. Nach dieser brutalen Behandlung ordnete Boger an, dass dieser polnische Häftling in den Stehbunker kam. Ich habe schließlich erfahren, dass derselbe Pole bei der nächsten Selektion an der schwarzen Wand erschossen worden ist.

Ich selbst habe während meiner Haft im Bunker des Blocks 11 sechsmal eine solche Selektion miterlebt. Jedesmal wurden die meisten Insaßen der Zelle zur Erschießung hinausgeführt. Bei diesen Selektionen war auch Boger zugegen.

gez. Hermann Langbein

Hermann Langbein, © Bild: Schindler Fotoreport

Hermann Langbein, * 18. Mai 1912 in Wien, † 24. Oktober 1995 in Wien; war einer der bekanntesten und bedeutendsten Protagonisten des Auschwitz-Komitees. Von seiner Gründung im Jahr 1954 begleitete und beeinflusste er die Aktivitäten der Vereinigung bis in die 1970er Jahre zunächst als Generalsekretär (1954 – 1960) und später als »Beauftragter für SS- und Entschädigungsfragen«.

Mitte der 1960er Jahre hatte er neben Fritz Bauer großen Anteil am Zustandekommen der Frankfurter Auschwitz-Prozesse und trat dort auch als Zeuge auf. Danach war er als Schriftsteller und Publizist tätig. Langbein wurde 1967 von Yad Vashem in Jerusalem als »Gerechter unter den Völkern« ausgezeichnet.

Hermann Langbein führte ein bewegtes Leben: Er schloss sich 1933 der Österreichische KPÖ an, flüchtete nach dem »Anschluss« 1938 aus dem sogenannten »Großdeutschen Reich« und kämpfte danach im Spanischen Bürgerkrieg in den Internationalen Brigaden gegen die Errichtung einer Diktatur unter Franco. Er geriet nach der Niederlage der Republikaner und der Anfang 1939 erfolgten Flucht nach Frankreich in französische Internierungshaft.

Nach der Besetzung Frankreichs wurde Langbein 1941 nach Deutschland ausgeliefert und gelangte sogleich in das KZ Dachau, wo er die meiste Zeit als Häftlingsschreiber im Krankenrevier eingesetzt war. Von dort wurde er am 19. August 1942 in das KZ Auschwitz I (Stammlager) überstellt und erhielt die Häftlingsnummer 60.355. Er wurde Funktionshäftling und fungierte als Häftlingsschreiber beim von ihm später unterstützten SS-Standortarzt Eduard Wirths. In den Lagern gehörte Langbein der Leitung der internationalen Widerstandsbewegung an, so auch bei der Kampfgruppe Auschwitz. Im August

1944 wurde Langbein in das KZ Neuengamme überstellt und von dort weiter in das KZ-Außenlager Porta Westfalica, ein Neuengammer Außenlager in Lerbeck bei Minden, überführt. Auf dem Evakuierungstransport nach Fallersleben östlich von Hannover sprang er Mitte April 1945 aus dem Zug und flüchtete ab 5. Mai per Fahrrad nach Österreich, wo er im Mai 1945 in seiner Heimatstadt Wien eintraf. Bei dieser Fahrt über mehr als 800 km saß er »das erste Mal auf einem Fahrrad«, hatte Angst vor den ihn überholenden Kolonnen an Fahrzeugen und erlebte hinter Halle (Saale) das Kriegsende am 8. Mai.

Hermann Langbein als Häftling in Auschwitz, Foto: Cardon-Hamet

Comité International d'Auschwitz

Information Wien, den 15. Oktober 1958

SS-Oberscharführer Boger verhaftet!

Der Oberstaatsanwalt beim Landgericht in Stuttgart verständigte das Internationale Auschwitz-Komitee davon, dass der ehemalige SS-Oberscharführer der Politischen Abteilung im KZ Auschwitz, Wilhelm Boger am 8. Oktober 1958 in Untersuchungshaft genommen worden ist.

Boger hat als einer der Hauptverantwortlichen eine Vielzahl schwerer Verbrechen in Auschwitz begangen. Er hat besonders grausame Foltermethoden erdacht – so die »Boger-Schaukel« – und persönlich viele Hunderte Häftlinge ermordet. Als er 1945 verhaftet wurde und nach Polen ausgeliefert werden sollte, gelang ihm die Flucht. Seither war er untergetaucht.

Vor einiger Zeit erhielt nun das Auschwitz-Komitee, die Mitteilung, dass Wilhelm Boger ordnungsgemäß unter richtigem Namen in Hemmingen, Kreis Leonberg, gemeldet und bei der Firma Heinkel in Zuffenhausen angestellt ist. Bereits am 9. Mai d. J. erstattete das Komitee bei der Staatsanwaltschaft in Stuttgart eine Strafanzeige. Es übersandte der Staatsanwaltschaft Dokumente, die die Verbrechen Bogers belegen – so eine Kopie des sogenannten »Bunker-Buches« – des Buches in dem diejenigen Häftlinge verzeichnet wurden, die durch die Politische Abteilung in den Bunker eingeliefert worden waren. Unter der Rubrik »Entlassen« ist bei der überwiegenden Mehrheit lediglich ein Datum und ein Kreuz verzeichnet. Diese Unglücklichen sind von der Politischen Abteilung an der »Schwarzen Wand« erschossen worden, viele von ihnen von Boger persönlich. Ferner nannte das Auschwitz-Komitee, der Staatsanwaltschaft 23 Zeugen. Trotzdem wurde innerhalb von 5 Monaten, kein Schritt gegen Boger unternommen, ja nicht einmal Zeugen vernommen.

Erst als der Generalsekretär des Internationalen Auschwitz-Komitees beim Generalstaatsanwalt und dem Justizministerium des Landes vorgesprochen hatte und mit allem Nachdruck die schnelle Durchführung eines Verfahrens gegen Boger verlangt hatte und auch das Bundesjustizministerium von dieser Forderung informierte, wurden zumindest die in der

Bundesrepublik lebenden Zeugen vernommen. Der Oberstaatsanwalt schließt die Mitteilung über die endlich erfolgte Verhaftung Bogers mit folgender Bemerkung:

»Sie dürfen versichert sein, dass die Maßnahmen getroffen werden, die der Bedeutung des Verfahrens entsprechen.«

Das Internationale Auschwitz-Komitee ersucht nun alle Organisationen, Redaktionen etc., einen Aufruf zu veröffentlichen, durch den diejenigen Zeugen gefunden werden sollen, die zu dem Fall Boger Augenzeugen-Aussagen machen können.

Der Generalsekretär
Hermann Langbein, Wien

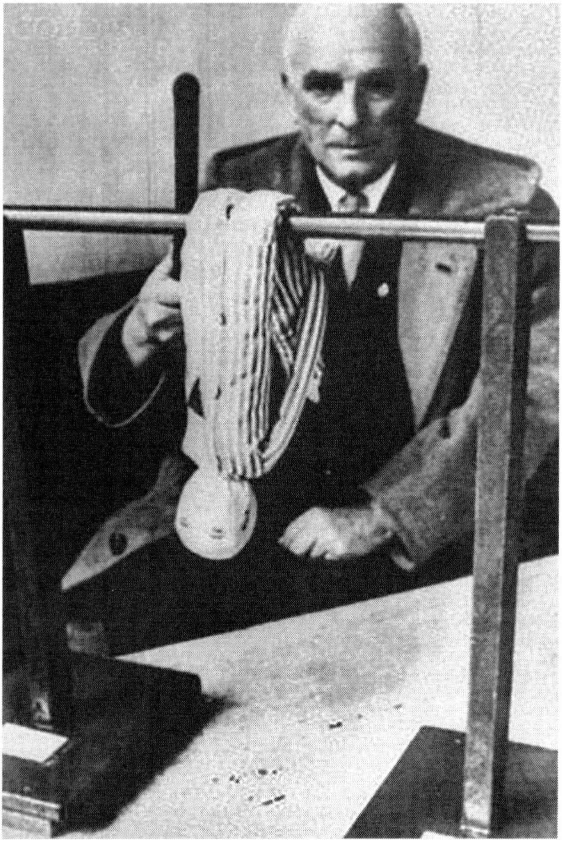

Der Zeuge Leo Paul Seidel mit dem von ihm angefertigten Modell der Boger-Schaukel beim Auschwitz-Prozess,
© Search Alchetron

Allgemeine Zeitung Nr. 250 vom 29. 10. 1958

Ehemaliger SS-Oberscharführer Boger in Stuttgart verhaftet

Verzögerung der Verhaftung durch die Staatsanwaltschaft?

STUTTGART. Der 51jährige ehemalige SS-Oberscharführer der Politischen Abteilung im KZ Auschwitz Friedrich Wilhelm Boger aus Hemmingen (Kreis Leonberg) ist, wie erst jetzt bekannt wurde, am 8. Oktober auf Grund des Haftbefehls des Amtsgerichts Stuttgart wegen dringenden Verdachts der Beteiligung an Kriegsverbrechen in einem Konzentrationslager des Dritten Reichs verhaftet worden. Boger ist im Jahr 1951 mit seiner Familie aus Niederwetz (Kreis Wetzlar) nach Hemmingen gezogen und ist bei der Firma Heinkel in Stuttgart-Zuffenhausen als Dreher beschäftigt gewesen. Er lebte unter seinem richtigen Namen ordnungsgemäß angemeldet und nach Angaben des Bürgermeisteramts zurückgezogen, ohne dass über ihn Nachteiliges bekannt wurde.

Nach Mitteilung des Internationalen Auschwitz-Komitees hat Boger als einer der Hauptverantwortlichen der politischen Abteilung eine Vielzahl schwerer Verbrechen in Auschwitz begangen. Er habe die »Boger-Schaukel« erfunden – und persönlich viele Hundert Häftlinge ermordet. Als er 1945 verhaftet und nach Polen ausgeliefert werden sollte, sei ihm die Flucht gelungen. Seitdem war er nach Mitteilung des Komitees untergetaucht. Das Komitee, das vor einiger Zeit auf Boger aufmerksam gemacht wurde, hat nach seiner Mitteilung bereits am 9. Mai dieses Jahres bei der Staatsanwaltschaft Stuttgart eine Strafanzeige erstattet. Es übersandte nach seinen Angaben der Staatsanwaltschaft Dokumente, die die Verbrechen Bogers belegen, so die Kopie des sogenannten »Bunker-Buches«, in dem diejenigen Häftlinge verzeichnet wurden, die durch die politische Abteilung in den Bunker eingeliefert wurden. Diese Unglücklichen seien von der politischen Abteilung erschossen worden, viele von Boger selbst. Das Auschwitz-Komitee benannte der Staatsanwaltschaft 23 Zeugen. Wie das Auschwitz-Komitee weiter mitteilt sei trotzdem in langen Monaten kein Schritt gegen Boger unternommen worden. Erst als der Generalsekretär des Internationalen Auschwitz-Komitees beim Stuttgarter Generalstaatsanwalt und beim Justizministerium des Landes Baden-Württemberg vorgesprochen und nachdrücklich eine schnelle Durchführung eines Verfahrens gegen Boger verlangt habe, seien wenigstens die in der Bundesrepublik lebenden Zeugen vernommen worden. Gleichzeitig sei auch das Bundesjustizministerium von der Forderung nach einem Verfahren gegen Boger unterrichtet worden.

Das Auschwitz-Gericht beim Ortstermin in Auschwitz am 4. 12. 1964, Foto: picture alliance

Landeskriminalamt den 30. 10. 1958
Baden-Württemberg
Abt. V – D 13/1 – 1326/58
– Der Leiter –

An das Innenministerium
Baden-Württemberg
Stuttgart

Betrifft:
Ermittlungsverfahren gegen B o g e r, Wilhelm,
geboren 19. Dezember 1906
in Stuttgart-Zuffenhausen,
zuletzt wohnhaft in Hemmingen, Kreis Leonberg

Das Polizeipräsidium Stuttgart, teilte am 29. 10. 1958 mit, dass es auf Grund eines vom Amtsgericht Stuttgart erlassenen Haftbefehls am 8. Oktober 1958

Wilhelm B o g e r

festgenommen habe, weil er dringend des Mordes verdächtigt sei. B o g e r wird beschuldigt als SS-Oberscharführer im Konzentrationslager Auschwitz Verbrechen im Sinne des § 211 StGB begangen zu haben.

Die kriminalpolizeilichen Ermittlungen welche vom Polizeipräsidium durchgeführt werden, dürften noch einige Zeit in Anspruch nehmen, schon weil Zeugen u. a. aus Israel, Polen und den Vereinigten Staaten gehört werden müssen.

Ich werde zu gegebener Zeit erneut berichten.

<u>Abt. V – D 13/1 – 1326/58</u> den 1. 12. 1958

– Der Leiter –

Im Zuge des o. a. Ermittlungsverfahrens werden von der Staatsanwaltschaft Stuttgart, die in beigefügtem Verzeichnis der aufgeführten Personen, dringend als Zeugen und teilweise als Mitbeschuldigte gesucht.

Wir bitten, die dort vorhandenen Unterlagen durchzusehen, und nach Möglichkeit die jeweiligen Personalien (Vornamen, richtige Schreibweise des Geschlechtsnamens, Geburtsdatum, Geburtsort, Familienstand, Beruf, Dienstgrad, letztbekannter Wohnort, Straße, Hausnummer) zu ergänzen.

Es ist dann vorgesehen, die genannten Personen durch Inanspruchnahme des Bundeskriminalblattes und die einzelnen Polizei-Dienststellen zu ermitteln und zur Sache zu vernehmen.

gez. Kriminaloberkommissar

Staatsanwaltschaft
bei dem Landgericht
Stuttgart

Stuttgart, 6. 11. 1958

Pressemitteilung

Die Staatsanwaltschaft Stuttgart teilt der Presse zu Ihrer Unterrichtung folgendes mit:

Die Anzeige gegen Wilhelm B o g e r wurde Anfang März durch einen Gefangenen erstattet, der sich seinerzeit als krimineller Häftling in Auschwitz befunden hatte. Da in Erfahrung gebracht wurde, dass dieser Gefangene in ein Strafverfahren wegen Meineids verwickelt war, den er in einem auswärtigen KZ-Prozess geschworen hatte, und da er schon wiederholt bei der Staatsanwaltschaft mit unbegründeten Anzeigen in Erscheinung getreten war, mussten seine Angaben mit besonderer Vorsicht bewertet werden. Diese Vorsicht schien im Laufe der nächsten Zeit umso mehr geboten, als der Gefangene dann am 15. 7. 1958 wegen fortgesetzter falscher Anschuldigungen und wegen Meineids zu einer mehrjährigen Zuchthausstrafe verurteilt worden ist. Zur Zeit verbüßt dieser Gefangene eine Strafe wegen Rückfallbetrugs (Heiratsschwindel). Es wurde von der Staatsanwaltschaft zunächst geklärt, ob die Angaben über die Existenz Bogers zutreffen. Nachdem Gewissheit darüber bestand, dass der in Hemmingen ansässige Boger mit dem von dem Gefangenen belasteten Boger identisch war, wurde der Gefangene eingehend über seine Wahrnehmungen über Boger vernommen. Die Vernehmung erbrachte jedoch keine hinreichenden Gründe für die Erwirkung eines Haftbefehls. Zur gleichen Zeit ging hier ein Schreiben des Comité d'Auschwitz, mit dem der Gefangene in ständiger Verbindung war, datiert unter dem 9. 5. 1958 hier ein, in dem sich das Comité erbot Zeugen und anderes Beweismaterial über die Verbrechen Bogers zur Verfügung zu stellen. Die Staatsanwaltschaft setzte sich dann alsbald mit dem Comité in Verbindung. In einem Schreiben vom 29. 5. 1958, dem eine schriftliche Äußerung des Generalsekretärs Herrn Hermann Langbein beilag, machte das Comité seine Mitwirkung bei der Beschaffung von Beweismitteln, davon abhängig, dass Boger davor verhaftet werde. Konkrete Belastungen, die einen Haftbefehl hätten stützen können, waren in der Äußerung von Herrn Langbein nicht enthalten. Es setzte nun ein Schriftwechsel zwischen dem Comité und der Staatsanwaltschaft ein, der zunächst kein für die Staatsanwaltschft verwertbares Beweismaterial erbrachte, weil das Comité sich immer wieder auf den Standpunkt stellte, dass zunächst die Verhaftung Bogers zu erfolgen habe, während die Staatsanwaltschaft aus unabdingbaren rechtsstaatlichen Gründen erst in den Besitz von konkretem Belastungsmaterial gelangen wollte. Herr Langbein wandte sich in diesem Zusammenhang beschwerdeführend an das Justizministerium, welches ihm unter dem 7. 8. 1958 ein Schreiben zugehen ließ, in welchem der von der Staatsanwaltschaft angenommene Standpunkt geteilt wurde und Herr Langbein nun auch von Seiten des Ministeriums gebeten wurde, wenigstens 1 – 2 in der Bundesrepublik wohnende Zeugen zu benennen, deren Bekundungen die Beantragung eines Haftbefehls rechtfertigen könnte.

Mit Schreiben vom 30. 8. 1958 teilte Herr Langbein dann der Staatsanwaltschaft die Namen der teils in Deutschland, teils in Polen wohnhaften Belastungszeugen mit. Unter dem 6. 9. 1958 wurden weitere im Ausland wohnenden Belastungszeugen angegeben; am 11. 9. 1958 nannte man dem Sachbearbeiter, einen weiteren deutschen Zeugen, dessen Vernehmung noch am gleichen Tag in Auftrag gegeben wurde. Nebenher liefen die Aufträge zur Vernehmung der übrigen, in der Bundesrepublik wohnhaften Zeugen. Erst der am 11. 9. 1958 benannte Zeuge machte bei seiner Vernehmung, die nicht vor dem 24. 9. 1958 durchgeführt werden konnte, sehr präzise Bekundungen, die Boger so schwer belasteten, dass die Staatsanwaltschaft nun erstmals in die Lage versetzt war, einen Haftbefehl zu beantragen. Das Vernehmungsprotokoll ging am 29. 9. 1958 hier ein; der Antrag auf Haftbefehl wurde am 1. 10. 1958, nach Überprüfung der Sachverhalte, bei dem Amtsgericht Stuttgart gestellt. Der Haftbefehl wurde am 2. 10. 1958 antragsgemäß erlassen. Nachdem der Haftbefehl bei der Staatsanwaltschaft eingegangen war, wurde die Kriminalpolizei mit dessen Vollziehung beauftragt, wobei festgelegt wurde, dass Boger nicht in seiner Wohnung, sondern an seinem Arbeitsplatz festzunehmen sei. Die Verhaftung erfolgte am 8. 10. 1958. Der Zeitraum von 6 Tagen zwischen dem Erlass und der Vollziehung des Haftbefehls ist in Fällen dieser Art, bei denen zwischen Kriminalpolizei und Staatsanwaltschaft noch verschiedene Abklärungen erfolgen müssen, nichts Auffälliges. Seit dem 8. 10. 1958 sitzt Boger in Haft ein. Die weiteren Ermittlungen werden seitdem mit größter Intensität durchgeführt.

Die Staatsanwaltschaft ist überrascht, dass Herr Langbein über ihre Tätigkeit Befremdem zeigt, denn bei einer 1½-stündigen Aussprache, die er am 4. 11. 1958 mit dem Oberstaatsanwalt und dem Leiter der zuständigen staatsanwaltlichen Abteilung hatte, wurde der Eindruck gewonnen, dass Herr Langbein volle Genugtuung über die von der Staatsanwaltschaft getroffenen und zukünftig beabsichtigten Maßnahmen empfand. Jedenfalls hat Herr Langbein dies zum Ausdruck gebracht. Die Staatsanwaltschaft hat kein Verständnis dafür, dass ihr jetzt Vorwürfe gemacht werden, die besagen sollen, dass sie die Sache Boger zögerlich behandelt habe.

Das Lager Auschwitz von Süden, Foto vom Autor

Landeskriminalamt Stuttgart, den 16. 1. 1959
Baden-Württemberg
Abt. V – D 13/3 – 1323/58

B o g e r, Wilhelm, ehem. SS-Oberscharführer,
geb. 19. 12. 1906 in Stuttgart-Zuffenhausen
Wohnort Hemmingen, Kreis Leonberg

Aktenvermerk

Obengenannter wurde am 8. 10. 1958 wegen Verbrechen im KZ Auschwitz dem Amtsgericht Stuttgart vorgeführt.

B o g e r wird vom Internationalen Auschwitz-Komitee in Wien beschuldigt, der Politischen Abteilung des KZ Auschwitz angehört und zahlreiche schwere Verbrechen begangen zu haben. Er soll besonders grausame Foltermethoden erdacht und Hunderte Häftlinge ermordet zu haben. Nach seiner Verhaftung 1945 floh er kurz vor seiner Auslieferung nach Polen aus der Haft. Seit 1951 lebte er unter seinem richtigen Namen und ordnungsgemäßen Anmeldung in Hemmingen. Er war bei einer Firma in Stuttgart als Revolverdreher beschäftigt. Die Ermittlungen sind sehr langwierig, da die Vernehmung von ausländischen Zeugen – vor allem in Polen auf fast unüberwindliche Schwierigkeiten stoßen. Die hiesige Abteilung hatte bisher lediglich den Auftrag, eine Reihe von Zeugen und Mitschuldigen zu ermitteln. Trotz äußerst geringer Namensangaben konnten durch das Berlin Document Center (BDC) mit zwei Ausnahmen alle Personalien geklärt werden. Die StA Stuttgart wird die fraglichen Personen im Deutschen Fahndungsbuch zur Aufenthaltsermittlung ausschreiben.

Gez. Hambach
Kriminalkommissar

Frauen in Auschwitz auf dem Weg in die Arbeitslager, Quelle: Bundesarchiv/Auschwitzprozess

Aus der Anklageschrift der Staatsanwaltschaft Stuttgart

I. Lebenslauf des Angeklagten Boger

Der Angeklage Boger ist als ältester Sohn eines Kaufmanns am 19. 12. 1906 in Stuttgart-Zuffenhausen geboren. Er hat noch zwei Geschwister. Von 1913 bis 1922 besuchte er die Fangelsbach-Bürgerschule, eine Mittelschule, an der er die mittlere Reife erlangte. Seine Lehrer waren, wie er angibt, deutschnational eingestellt. Unter ihrem Einfluss trat er bereits im Jahre 1922 der SN-Jugend (später Hitlerjugend) bei. Nach Verlassen der Schule im Jahre 1922 begann der Angeklagte eine kaufmännische Lehrer bei der Firma Rheinstahl, die er nach dreijähriger Lehrzeit mit der Kaufmannsgehilfenprüfung beendigte. Im Sommer 1925 wurde der Angeklagte als Angestellter beim Deutsch-Nationalen Handelsgehilfenverband, in der Geschäftsstelle Stuttgart, eingestellt. Er trat ferner dem Artamanenbund, einem freiwilligen Arbeitsdienstverband, bei. Ziel dieses Bundes war es, wie der Angeklagte angibt, die Landarbeiterfrage zu lösen. Es war ein freiwilliger Arbeitsdienst auf dem

Lande, der die nicht bestehende allgemeine Wehrpflicht ersetzen sollte. Im Anschluss an seine Tätigkeit bei dem Deutsch-Nationalen Handlungsgehilfenverband arbeitete der Angeklagte bei verschiedenen Firmen in Stuttgart, Dresden und Friedrichshafen als kaufmännischer Angestellter. Im Frühjahr 1932 wurde er arbeitslos.

Bereits im Jahre 1930, war der Angeklagte, als er beruflich in Dresden weilte, in die Allgemeine SS eingetreten. Er gibt an, er sei in die SS »übernommen« worden. Zuletzt hatte er in der Allgemeinen SS den Rang eines SS-Hauptsturmführers.

Am 5. 3. 1933 wurde der Angeklagte als SS-Angehöriger zur Hilfspolizei nach Friedrichshafen einberufen. Am 1. 7. 1933 wurde er zur politischen Bereitschaftspolizei nach Stuttgart versetzt und dort bei einer Sonderaktion »Bewachung beschlagnahmter Bauten« als Hilfspolizeibeamter eingesetzt. Nach einem etwa 6-wöchigen Dienst bei dieser Dienststelle kam er zur politischen Polizei, wo er alsbald in das Kriminalangestelltenverhältnis überführt wurde. Im weiteren Verlauf des Jahres wurden in Württemberg Außenstellen der politischen Polizei errichtet, unter anderem auch in Friedrichshafen. Der Angeklagte

Boger kam im Oktober 1933 zu der Außenstelle der württembergischen politischen Polizei in Friedrichshafen, wo er als Angestellter Dienst tat. Dann machte er verschiedene Lehrgänge mit und wurde im Jahre 1937 nach der Verreichlichung der Polizei zum Kriminalsekretär ernannt. Er verblieb weiterhin in der Außenstelle in Friedrichshafen.

Im Jahre 1934 machte der Angeklagte nach seinen Angaben eine Übung bei der Reichswehr mit, und zwar bei dem Infantrieregiment 14. Nach 6 Wochen wurde er zum Unteroffizier und am 10. 5. 1937 zum Feldwebel befördert. Den Einmarsch in Österreich 1938 will der Angeklagte als Soldat (Feldwebel der Reserve) mitgemacht haben. Anschließend habe er sich – so behauptet er – bei der Gestapo melden müssen. Er sei aber trotz der Aufforderung, Dienst bei der Gestapo zu tun, weiter bei der Truppe geblieben.

Nach Ausbruch des Krieges wurde der Angeklagte als Kriminalsekretär zur Stapo-Leitstelle nach Zichenau abgeordnet. Etwa 3 Wochen später wurde er mit dem Aufbau und der Leitung des Grenzpolizeikommissariats Ostrelenka beauftragt. Dort – so behauptet der Angeklagte – habe er auf Anordnung seiner Vorgesetzten, den Verbindungsoffizier der Wehrmacht im Mai 1940 auf unauffällige Weise umbringen sollen. Das habe er abgelehnt. Aus diesem Grunde sei er in Haft genommen und nach Berlin geschickt worden. Danach wurde der Angeklagte zur Staatspolizeistelle nach Hohensalza, und von dort nach Kutnos versetzt, wo er mit der Leitung des Grenzpolizeikommissariats beauftragt wurde. Nach vier Wochen kam er wieder nach Hohensalza zurück. Von da musste er sich in Berlin beim Reichssicherheitshauptamt (RSH) melden. Er wurde – wie er angibt – für vier Monate in »Ehrenhaft« genommen und am 18. 12. 1940 wieder entlassen. Ihm wurde zur Last gelegt, eine Abtreibungshandlung versucht zu haben. Er wurde vom Dienst suspendiert. Am 11. 11. 1941 wurde der Angeklagte zum SS-Pionierbataillon in Dresden einberufen. Mit dieser Einheit kam er an der Wolchow-Front zum Einsatz. Er befand sich im Bewährungszug des Polizeipionierbataillons als Mannschaftsdienstgrad. Mitte März 1942 wurde er verwundet und kam ins Lazarett. Im Juli 1942 wurde er aus dem Reservelazarett entlassen und kam als Pionier zum Polizeipionier-Ersatzbataillon I nach

Dresden zurück. Von dort wurde der Angeklagte am 1. 12. 1942 ins KL Auschwitz versetzt. Im Oktober 1942 war dem Angeklagten Boger der militärische Dienstgrad Oberfeldwebel wieder rückwirkend verliehen worden. Er kam daher als Oberscharführer der Waffen-SS nach Auschwitz. Dort wurde er zunächst als Zugführer der Wachkompanie eingesetzt. Bei der Wachtruppe war er jedoch nur ganz kurze Zeit. Sein Kompaniechef empfahl ihm – so gibt es der Angeklagte an – sich zur Politischen Abteilung des KL zu melden. Dies tat er dann auch. Er wurde daraufhin zur Politischen Abteilung versetzt.

Der Leiter der Politischen Abteilung war der Untersturmführer Grabner. Dieser war bei der Polizei nur Kriminalassistent gewesen. Boger, dagegen war bei der Polizei im Range eines Kriminalsekretärs. Er fühlte sich daher Grabner überlegen. Die Zusammenarbeit war nach den Angaben des Angeklagten Boger nicht gut. Aus diesen – rein persönlichen – Gründen will sich der Angeklagte Boger, von Anfang an, allerdings ohne Erfolg, von der Politischen Abteilung weggemeldet haben. Er verblieb in Auschwitz bis zur Auflösung des Lagers am 27. Januar 1945. In diesen letzten Tagen des Januar 1945 transportierte der Angeklagte Boger mit dem damaligen Leiter der Politischen Abteilung, dem SS-Untersturmführer Schurz, seinem Stellvertreter Westphal, dem SS-Oberscharführer Kirschner und dem Angeklagten Broad eine LKW-Ladung Akten nach Buchenwald, um sie in Sicherheit zu bringen.

Am nächsten Tag begab er sich mit Kirschner, Schurz und Broad ins Konzentrationslager Mittelbau-Dora (Nordhausen), wo er seine Tätigkeit bei der Politischen Abteilung wieder aufnahm.

Nach einer Dienstreise nach Chemnitz kam er erst wieder zum Konzentrationslager Mittelbau-Dora zurück, als dieses bereits geräumt war. In Ellrich erreichte er den letzten Transportzug mit Häftlingen und fuhr mit diesem bis Osterode im Harz. Dann begleitete er zusammen mit einem SS-Untersturmführer und einem SS-Unterführer etwa 5000 Häftlinge auf einem Tag- und Nachtmarsch durch den Harz. In Vierenburg erreichte er mit den Häftlingen noch den letzten Güterzug nach Ravensbrück. Von dort sollte er in den letzten Apriltagen 1945 noch zum Fronteinsatz kommen. Die Kampftruppe, der der Angeklagte angehörte, löste sich jedoch auf und der Angeklagte konnte sich nach Ludwigsburg zu seinen Eltern absetzen.

Am 19. Juni 1945 wurde er von der amerikanischen Militärpolizei verhaftet, in das Landesgefängnis Ludwigsburg eingeliefert und von dort über die Lager Ossweil und Zuffenhausen nach Dachau gebracht. Am 22. November 1946 sollte er mit einem Transport an Polen ausgeliefert werden. Es gelang ihm jedoch bei Furth im Wald zu entfliehen. Anschließend hielt er sich etwa 3 Jahre ohne polizeiliche Anmeldung in der Gegend um Crailsheim auf, wo er bei Bauern arbeitete. Am 26. Juli 1949 wurde er auf Grund einer Ausschreibung der Staatsanwaltschaft Ravensburg verhaftet. Bis zum 31. August 1949 befand er sich im Gerichtsgefängnis Langenburg in Untersuchungshaft. Ihm wurde zur Last gelegt, im Jahre 1936 den Landwirt Franz Riedinger bei einer Vernehmung misshandelt zu haben. Das Verfahren wurde eingestellt. Nach seiner Entlassung begab sich der Angeklagte zunächst nach Schmalfelden bei Crailsheim um sich Papiere zu beschaffen, und anschließend zu seiner in Niederwetz (Kreis Wetzlar) angesiedelten Familie. Er war zunächst arbeitslos. Am 8. September 1950 wurde er von der Firma Heinkel in Zuffenhausen anfangs als Hilfsarbeiter eingestellt und zuletzt als kaufmännischer Angestellter beschäftigt.

Der Angeklagte heiratete am 28. 2. 1931 in Radeberg bei Dresden die Anna Herrsche. Aus dieser Ehe sind 3 Kinder hervorgegangen, von denen 2 gleich nach der Geburt gestorben sind. Diese Ehe wurde am 27. Februar 1941 durch das Landgericht Ravensburg aus dem alleinigen Verschulden des Angeklagten geschieden. Am 24. 4. 1941 heiratete der Angeklagte seine jetzige Ehefrau.

An Auszeichnungen besitzt der Angeklagte Boger das KVK II. Klasse und außerdem die Sudetengau- und Ostmedaille.

Der Angeklagte Boger befindet sich seit dem 8. 10. 1958 in dieser Sache in Untersuchungshaft.

Der doppelte Elektrozaun zwischen den Lagerblocks, Foto vom Autor

II. Tatsächliche Feststellungen

1. Die Mitwirkung des Angeklagten Boger an der Massentötung jüdischer Menschen in Auschwitz

Der Angeklagte Boger wurde als Angehöriger der Politischen Abteilung (Ermittlungsabteilung) zum sog. »Rampendienst« eingeteilt. Er war in einer unbestimmten Anzahl von Fällen bei der Abwicklung von sog. RSHA-Transporten auf der Rampe anwesend. Seine Aufgabe war es insbesondere die Angehörigen des Häftlingskommandos und die SS-Angehörigen beim Rampendienst zu überwachen. Der Angeklagte Boger hat diese Aufgaben auch erfüllt. Er hat aufgepasst, dass die Häftlinge des Häftlingskommandos nicht mit den Zugängen sprachen. Er hat ferner beim Aufstellen und bei der Einteilung der ankommenden Menschen geholfen. Dabei hat er verhindert, dass die bereits als arbeitsunfähig beurteilten Menschen, sich wieder zu der Gruppe der Arbeitsfähigen stellten. Schließlich hat er auch die SS-Führer, die SS-Unterführer und die SS-Männer daraufhin beobachtet, ob sie ihren Rampendienst entsprechend der gegebenen Befehle richtig versähen, insbesondere nicht in unzulässiger Weise mit den Zugängen sprachen und sich nicht am Häftlingsgut vergriffen.

In mindestens einem Fall, in dem der Angeklagte Boger die geschilderten Tätigkeiten ausgeübt hat, wurden von einem RSHA-Transport mindestens 1000 Menschen durch Gas getötet.

Deportierte Juden bei der Ankunft im Lager Auschwitz, Foto: Bundesarchiv

Im Übrigen konnte nicht festgestellt werden, wie oft der Angeklagte Boger Rampendienst verrichtet hat. Der Angeklagte Boger wusste, dass die mit den RSHA-Transporten angekommenen Juden, nur wegen ihrer Abstammung als Angehörige einer »minderwertigen Rasse« unschuldig getötet wurden. Ihm war auch bekannt, dass die gesamten Vernichtungsaktionen unter strengster Geheimhaltung ausgeführt und die Opfer in der bereits geschilderten Weise über ihr bevorstehendes Schicksal getäuscht wurden. Schließlich kannte er auch die näheren Umstände, unter denen die jüdischen Menschen in den Gaskammern getötet wurden.

Ihm war klar, dass er als notwendiges Glied in den Vernichtungsapparat eingespannt war und den durch ihn geleisteten Rampendienst die Vernichtungsaktionen förderte.

27. Januar 1945, Tag der Befreiung des Konzentrationslagers Auschwitz, © belgaimage/afp

2. Die Mitwirkung des Angeklagten Boger bei einer sogenannten Lagerselektion

Im Stammlager und im Lager Birkenau fanden ständig sog. Lagerselektionen statt, bei denen arbeitsunfähige Häftlinge ausgemustert und nachher durch Gas getötet worden sind.

Der Angeklagte Boger hat sich als Angehöriger der Politischen Abteilung an mindestens einer Lagersektion im Lager Birkenau beteiligt. Die Ausmusterung wurde in diesem Fall von einem Arzt vorgenommen. Zuvor ließen der Angeklagte Boger und der Blockführer die Häftlinge des betreffenden Lagerabschnitts nackt antreten. Dann kam ein SS-Arzt, der bestimmte, wer von den angetretenen Häftlingen als arbeitsunfähig auszusondern sei. Der Angeklagte Boger und der Blockführer machten den Arzt bei dieser Ausmusterung auf schwache Häftlinge, die ihrer Meinung nach nicht mehr lebenswert erschienen, aufmerksam, indem sie mit den Fingern auf sie zeigten.

Die vom Arzt als arbeitsunfähig bezeichneten Häftlinge wurden dann von dem Angeklagten Boger und den Blockführern zur Seite geschickt und dort gesondert aufgestellt. Während der gesamten Musterung achteten sie darauf, dass keiner der als arbeitsunfähig ausgesonderten Häftlinge wieder zu der anderen Gruppe zurückschlich um so dem Tode zu entgehen. Bei dieser Selektion wurde eine unbestimmte Anzahl von Häftlingen, mindestens jedoch 10, als arbeitsunfähig ausgesondert und kurz danach in einer der vorhandenen Gaskammern getötet.

Der Angeklagte Boger wusste, dass die ausgesonderten Menschen unschuldig getötet werden sollten. Ihm war auch bekannt, dass ihre Tötung nur deswegen erfolgte, weil sie nicht mehr arbeitsfähig erschienen und damit – nach Auffassung der SS – nur eine unnötige Belastung für das Lager und die Ernährungslage bedeuteten. Dem Angeklagten Boger war auch klar, dass er durch seine geschilderte Mitwirkung zum Tode der Häftlinge einen Beitrag leistete.

Die Arrestzellen in Block 11 waren ständig überbelegt. Oft befanden sich 8 – 10 oder noch mehr Personen in einer Zelle. Die Arrestanten hatten dann nicht einmal Platz zum Sitzen. Da fast ständig Häftlinge im Lager von Angehörigen der Politischen Abteilung, insbesondere vom Angeklagten Boger, festgenommen wurden, reichten die 28 Arrestzellen, trotz ihrer engen Belegung oft nicht zur Unterbringung der Arrestanten aus. Um immer wieder Platz für Neuzugänge zu schaffen, »räumte« man daher von Zeit zu Zeit den Bunker aus, indem man einen Teil der im Bunker einsitzenden Häftlinge an der »Schwarzen Wand« erschoss. An diesen sog. Bunkerentleerungen nahmen nachweislich der Angeklagte Boger und SS-Untersturmführer Grabner teil.

Die »Schwarze Wand« (Todeswand) im Lager Auschwitz war mit Bastmatten als Kugelfang verkleidet, Foto vom Autor

Vernehmungsprotokoll Wilhelm Friedrich Boger (Auszug)

(. . .) Verschärfte Vernehmungen wurden teilweise durch Schläge mit Haselstecken oder Ochsenziemern vorgenommen, vor allem hatten wir dafür die sogenannte »Schaukel«. Ich gebe zu, selbst solche verschärften Vernehmungen durchgeführt, d. h. die Häftlinge mit Ochsenziemer oder mit Haselstecken geschlagen und auch an der Schaukel vorgenommen zu haben. Diese Vernehmungen waren ausschließlich durch den Dienststellenleiter Grabner oder Schurz angeordnet worden. Selbsverständlich nur auf Vorsprache des betreffenden Vernehmenden hin. Dass bei verschärften Vernehmungen unmittelbar die Todesfolge eingetreten wäre, habe ich niemals von der Politischen Abteilung gehört. Ich habe lediglich gehört, dass Vernehmungsbeamte der Staatspolizei von Kattowitz oder sonstigen Generalgouvernement, die ab und zu zu Vernehmungen ins Lager kamen, ebenfalls verschärft vernommen haben und dass es zu gewissen anderen Torturen gekommen sein soll, so z. B. Nadelstiche unter die Fingernägel. Jedenfalls sind bei uns m. W. solche Torturen, außer dem Schlagen und der Schaukel, nicht vorgekommen. Ich füge in diesem Zusammenhang an, dass ich derjenige war, der dafür gesorgt hat, der das Aufhängen mit auf dem Rücken gefessselten Händen abgeschaft wurde. Das hat es vor meiner Zeit in Auschwitz gegeben und ich habe einmal den Untersturmführer Grabner dabei gesehen wie er einen Häftling auf diese Weise aufhängen ließ. Ich habe dies nicht mitansehen können und habe deshalb mit Grabner Streit bekommen. Ich habe ihm im Falle einer Wiederholung eine Anzeige angedroht.

Es ist im Übrigen nicht richtig, dass ich der Erfinder der Schaukel gewesen sei. Die Schaukel wurde schon vor meiner Zeit in Auschwitz angewandt und zwar wurde der Häftling an der Stange über zwei Tische gelegt. Ich habe dazu lediglich die Böcke herstellen lassen. Auch dies geschah nur auf Anordnung von Grabner.

Rottenführer Perry Broad und ich haben uns selbst einmal auf die Scheukel gehängt und das bloße Hängen nicht als besondere Tortur empfunden.

Ich habe niemals einen Häftling mit dem Stock oder auf der Schaukel derart misshandelt, dass er zu

Tode gekommen wäre. Ich habe auch niemals einem Häftling Nieren oder Hoden zusammengeschlagen.

Es ist richtig, dass in Auschwitz oft Erschießungen von Häftlingen und anderen Personen, die noch vor der Exekution eingeliefert worden waren, stattfanden. Diese Erschießungen wurden, soweit mir bekannt ist, ausnahmslos an der »Schwarzen Wand« zwischen Block 10 und 11 durchgeführt. Dass auch außerhalb der kleinen Postenkette in Kiesgruben Erschießungen durchgeführt worden wären, weiß ich nicht. Ich kann diese Frage weder bejahen noch verneinen. Ich habe lediglich gehört, dass vor meiner Ankunft in Auschwitz, eine Menge russischer Kommissare, außerhalb erschossen worden seien. Den Exekutionsplatz aber weiß ich nicht, und ich weiß auch nicht wer diese Erschießungen durchgeführt hat. Wenn Erschießungen durchgeführt wurden, so lagen in der Regel Todesurteile von Standgerichten, mindestens aber ein höherer Befehl vor. Ich weiß nicht einen Fall in dem ein Angehöriger der Politischen Abteilung auf eigene Faust einen Häftling erschossen hätte. Ausgenommen hiervon sind selbstverständlich die Fälle, die auf der Flucht von Wachtposten erschossen wurden. Ich selbst hatte in

Auschwitz niemals einen Grund zum Waffengebrauch und habe keinen einzigen Menschen erschossen.

Für die Erschießungen standen zwei Mauser-Kleinkalibergewehre zur Verfügung, die im Block 11 aufbewahrt wurden. Es handelte sich um ganz normale Gewehre, die allerdings mit einem unten einschiebbaren Magazin mit 10 – 12 Schuss versehen waren.

Die Erschießungen haben seitens der Politischen Abteilung Lachmann, Quakernack – von diesen beiden habe ich es nur gehört – von Gehring, als den Leiter von Block 11, sowie den Rapportführer, insbesondere Palitzsch durchgeführt. Ich selbst war etwa dreimal bei Erschießungen zwischen Block 10 und 11 dabei. Ich war damals dazu befohlen worden, um von den zu Erschießenden u. U. noch Aussagen zu bekommen oder den einen oder anderen als V-Mann für die Politische Abteilung zu gewinnen. Hat sich einer dazu bereit erklärt, dann konnte er von der Exekution befreit werden. Ich war allerdings nur bei Exekutionen dabei, die gegen Angehörige der polnischen Widerstandsbewegung durchgeführt wurden, in welcher Sache, ich die Ermittlungen teilweise geführt hatte. Ich hatte die Spezialvollmacht, Häftlinge der polnischen Widerstandsbewegung, die sich als V-Leute zur Verfügung stellten, von der Exekution zu befreien.

Die zu erschießenden Häftlinge wurden einzeln oder zu zweit aus dem Block 11 geholt und von dem Kalfaktor des Block 11, namens Jakob, der seiner Erzählung nach, Sparringspartner von Max Schmeling war, an die Schwarze Wand, mit dem Gesicht zur Wand, gestellt. Die Schützen stellten sich unmittelbar hinter die zu erschießenden Häftlinge und gaben mit den beschriebenen Gewehren Genickschüsse ab. Bei den Exekutionen war jeweils ein Arzt dabei, der den Tod festzustellen hatte. Die Toten wurden auf Lastwagen weggeschafft zum Krematorium. Sie wurden nicht in Kisten gelegt, sondern offen auf den LKW geladen. Gesehen habe ich das Aufladen allerdings nicht, aber diese Art der Leichenabfuhr war bekannt.

Ich habe das Diktat gehört und verzichte auf Vorlesung. Meine Angaben sind richtig aufgenommen, ich genehmige durch meine Unterschrift.

gez. Friedrich Wilhelm Boger

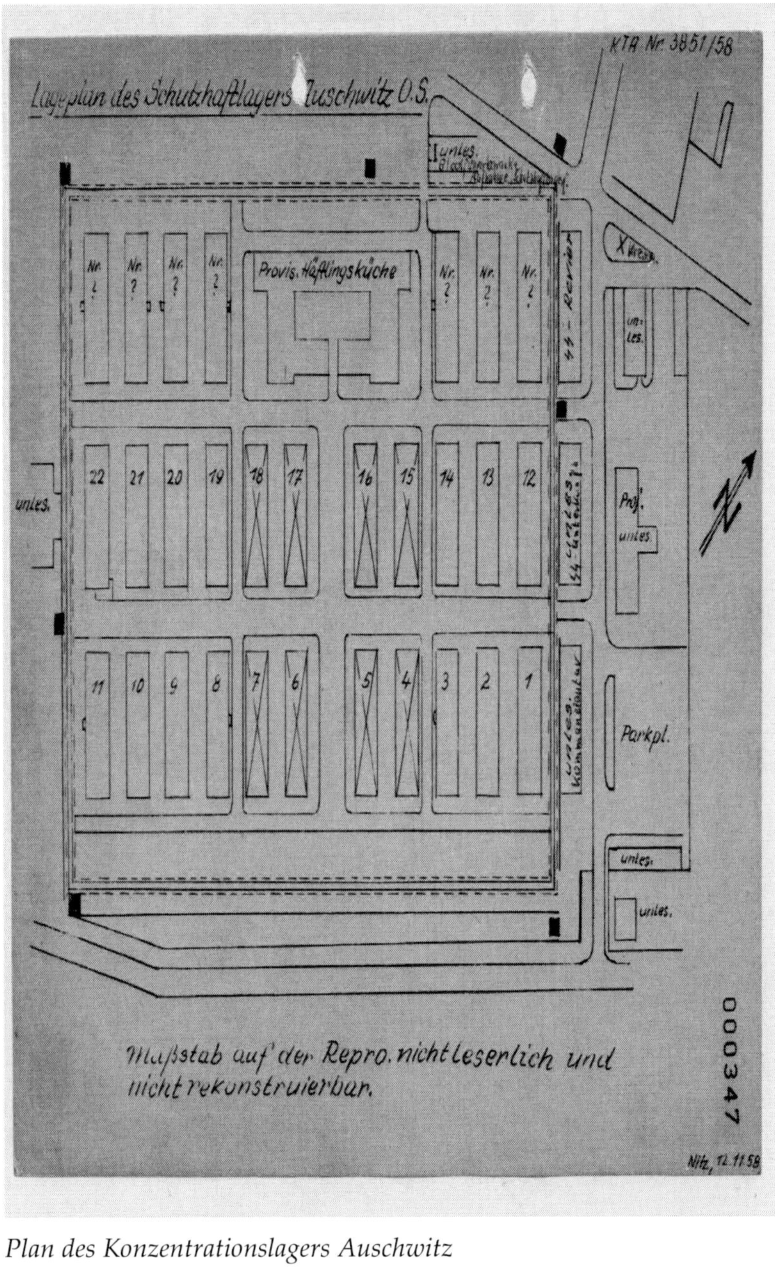

Plan des Konzentrationslagers Auschwitz

Die Politische Abteilung war die am meisten gefürchtete Abteilung im Lager Auschwitz. Es war eine von 5 Abteilungen im Lager und wurde geschaffen zur Aufnahme der politisch motivierten Häftlinge. Dies waren Menschen die im Widerstand gegen das Nazi-Regime tätig waren, aber auch Sozialdemokraten und Kommunisten, auch diejenigen die durch Kommentare gegen das Regime aufgefallen waren. Die politische Abteilung unterstand direkt der zuständigen Gestapoleitstelle bzw. dem Reichssicherheitshauptamt (RSHA).

Der Aufgabenbereich der politischen Abteilung umfasste die Registrierung der Häftlinge in Konzentrationslagern jeweils bei deren Einweisung, Entlassung, Verlegung, Flucht oder Tod. Dafür wurden Häftlingsakten angelegt, die Porträtaufnahmen, Personenbeschreibungen, Lebensläufe und Fingerabdrücke enthielten. Neben der Registration und Verwaltung des »Häftlingsbestandes« war diese Abteilung auch zuständig für die Vernehmung der Häftlinge und die Bekämpfung der Lagerwiderstandsbewegung,

Die politischen Häftlinge waren durch das rote Dreieck an der Häftlingskleidung gekennzeichnet.

Neu angekommene Häftlinge müssen auf der Todesrampe von Auschwitz Aufstellung nehmen – links Frauen und Kinder, rechts Männer, © Spiegel Geschichte

Die 14-jährige Polin Czeslawa Kwoka – eine Aufseherin schlug sie unmittelbar vor dem Foto mit einem Stock ins Gesicht, ihre Lippe blutete. Foto: Auschwitz Museum

Abschrift eines Briefes von Fritz H i r s c h,
aus Fellbach bei Stuttgart, Birkenweg 5
an Wilhelm Boger

Fritz Hirsch 12. November 1958

An Friedrich Wilhelm Boger!

Da Sie mich wahrscheinlich nicht mehr in Erinnerung haben, so will ich Ihnen meine Nummer verraten aus Auschwitz. Ich bin der ehemalige politische Häftling 25172, und nun wissen Sie wahrscheinlich mehr als Ihnen mein Name sagt. Als ich heuer im Sommer in Wien war, habe ich auch Leon Glaser, den Oberkapo der Bekleidungskammern in Auschwitz besucht und er hat mich auch nach Ihnen befragt und ich konnte ihm nur sagen, dass Sie auf der Fahrt nach Polen, der Rache der Polen entkommen waren. Vor ungefähr 10 Jahren sagte mir Franz Lutz, er hätte Sie verhaften lassen, als er Sie in Ludwigsburg gesehen hatte. Ich habe Lutz seitdem nicht mehr gesehen. Und nun lese ich auf einmal in der Zeitung Ihren Namen. Dass wir so nahe beieinander wohnen, habe ich mir nicht zu denken getraut.

Als ich in Auschwitz ankam, mit meinem Transport, war es mir schnell klar, dass ein Entkommen aus diesem Schlachthaus nur ein Wunder sein könnte. Allein, das was ich sehen musste, war so grauenhaft, dass ich daran dachte, lieber selbst ein Ende zu machen, als zu warten bis die Henker nach mir griffen. Aber jeden Tag lernte ich fester zu stehen und polnische Offiziere, die Wochen später von Ihnen an die Wand gestellt wurden, machten mir Mut. Von der Hoffnung genährt, dass diese wahnsinnigen Verbrechen eines Tages ihre Sühne finden müssten, fand ich mit Glück und der Unterstützung von Kameraden den Weg aus der Hölle von Auschwitz. Unter den Namen die Blut, Mord und Schrecken in Erinnerung bringen, steht an vorderster Stelle der Name Boger! Ob Ihre Kollegen, Grabner, Woischnitza, Lachmann und Heuer schon ihre Richter gefunden haben? Vielleicht ist es Ihnen ein Trost, wenn ich sage, dass Ihre Landsleute Hämmerle, Rämmele, Karl Schweizer und Rudi Ofterdinger als Massenmörder nicht weniger tüchtig waren als Sie. Die Zahl der Opfer, die vor ihren Stiefeln zertreten, erschlagern, erschossen und vergiftet verendeten, sind ungezählte Tausende.

Sie werden den traurigen Ruhm mit ins Grab nehmen, mehr Menschen vom Leben zum Tod gebracht zu haben, als je ein anderer in diesem Lande. Und für alle diese fluchwürdigen Verbrechen wird Ihnen nichts geschehen. Niemand wird nur die Hand erheben gegen Sie, und unser Staat sorgt dafür, dass Sie auch in Gefangenschaft ein sorgenfreies Leben führen können. Erst vor ein paar Wochen hat mir ein ehemaliger Standartenführer recht laut ins Gesicht geschrieen, als es sich um den Dr. Eisele drehte, dass wir, die ehemaligen KZ-ler, eines Tages doch noch vergasst werden. Kaum einer glaubt, das Geschehen von Auschwitz und Millionen sind auch heute noch überzeugt, dass man Ihnen Unrecht tut.

Ich habe nur einen Wunsch an Sie: leugnen Sie nichts, es ist zwecklos. Gestehen Sie mit der gleichen Hemmungslosigkeit mit der Sie in Auschwitz Ihres Amtes gewaltet haben, es ist das Beste für Sie und für uns alle.

gez. Fritz Hirsch

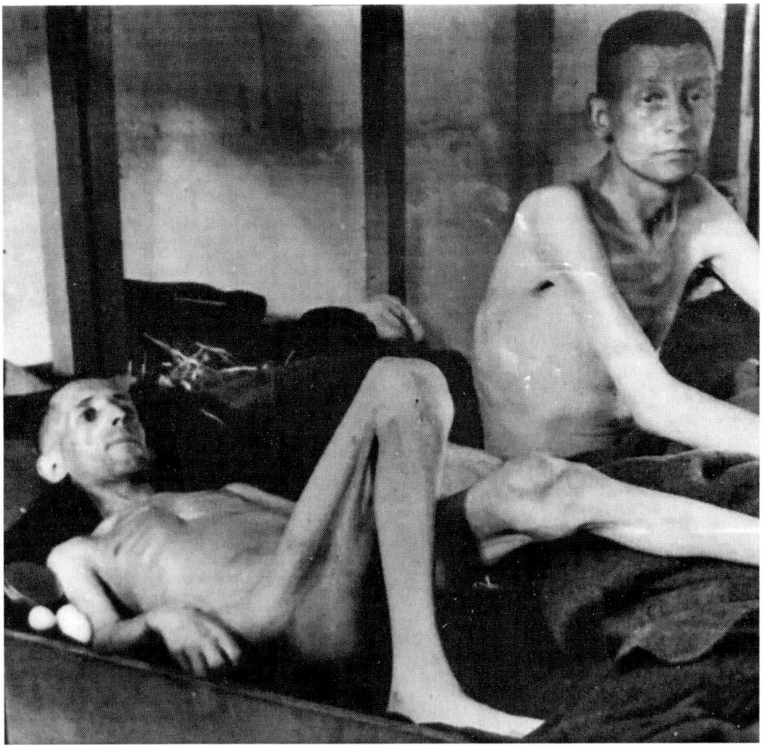

Am Verhungern! Fotowand in Auschwitz, Foto vom Autor

Aus den Zeugen-Protokollen

16 Js 1273/58 Hohenasperg, den 6. 5. 1958

In der Landesstrafanstalt vorgeführt, erscheint der Strafgefangene Adolf R ö g n e r und gibt an zur Person: Ich bin 53 Jahre alt, geschiedener Techniker, seit 6. 9. 1957 in Strafhaft, ohne Wohnsitz.

Zur Sache:

Frage: Geben Sie eine genaue Beschreibung des Beschuldigten Boger.

Antw.: Er war etwa 175 bis 1, 80 m groß, schlank, schwarz, spricht württembergische Mundart. Er trug keine Brille, sein Alter schätze ich jetzt auf 55 Jahre. Sein Dienstgrad war SS-Oberscharführer, seinen Vornamen kenne ich nicht, er heißt vermutlich Fritz.

Frage: Welche Funktion übte er im Lager aus?

Antw.: Er war in der Politischen Abteilung in dem Referat, Flucht und Diebstahl und auch im Referat Streifendienst.

Frage: War er Leiter des Referats?

Antw.: Nein. Der Leiter war Untersturmführer Grabner, dessen Stellvertreter hieß

Woischnitza. Der Verbleib des Letzteren ist mir nicht bekannt.

Frage: Trug er eine graue oder eine schwarze Uniform?

Antw.: Er trug die übliche Uniform.

Frage: Trug er einen Totenkopf im Spiegel?

Antw.: Das weiß ich nicht.

Frage: Welche Haarfarbe?

Antw.: Weiß ich nicht.

Frage: Trug er eine Brille?

Antw.: Weiß ich nicht.

Frage: Verheiratet?

Antw.: Weiß ich nicht.

Frage: Woher stammt er?

Antw.: Vermutlich aus Ludwigsburg?

Frage: Woher wissen Sie, dass sein Vater in Waiblingen wohnt?

Antw.: Das weiß ich von einem Mitgefangenen namens Donat oder Donald, der mit mir in Ludwigsburg war.

Frage: Haben Sie etwas auffälliges an ihm bemerkt?

Antw.: Nein

Frage: Hatte er eine Spezialtätigkeit?

Antw.: Er nahm Vernehmungen im Arrestblock 11

und Nachtvernehmungen im Block 24 (russische Gefangene) vor.

Frage: Mit welchen anderen SS-Leuten war er zusammen?

Antw.: Gute Bekannte von ihm waren: Oberscharf. Kirschner – Verbleib unbekannt. Oberscharf. Taute – Verbleib unbekannt. Rottenführer Perry Broad, Brasilianer, lebt vermutlich in Braunschweig. Unterscharführer Dylewski, lebt in Krefeld, SD-Unterscharführer Westphal, Untersturmführer Schurz, Oberscharführer Quackernack (führte im Lager das Standesamt), Oberscharführer Emmrich. – Alle Verbleib unbekannt.

Frage: Wann haben Sie Boger erstmalig gesehen?

Antw.: Weiß ich nicht.

Frage: Schildern Sie das Verhalten Bogers, sofern Sie es selbst gesehen haben.

Antw.: Ich habe ihn dreimal bei Vernehmungen in Zimmer 3, der zur politischen Abteilung gehörenden Baracke gesehen. Er spannte dabei die Häftlinge auf eine sogenannte Schaukel. Er legte sie mit dem Bauch über beide Holme und band den Kopf mit den

Füßen zusammen. Dann schlug er mit einem Ochsenziemer auf den Häftling ein, wobei er ständig schrie: »Wollen sie jetzt aussagen?«

Frage: Können Sie die Schaukel beschreiben?

(Der Zeuge legt eine Skizze vor)

Frage: Von wo haben Sie den Vorgang beobachtet?

Antw.: Durch das Fenster und durch das Schlüsselloch.

Frage: Waren Sie dabei alleine?

Antw.: Es waren noch zwei Polen zugegen, und zwar Stanislaus Kaczarowskj, Häftlings-Nr. 2144, lebt in Polen und Roman Ukleja, er stammte aus Grossheim.

Frage: Haben beide die 3 Vorgänge miterlebt?

Antw.: Jeder von beiden war nur bei einem Vorfall zugegen. Wir waren mit Elektrikerarbeiten beschäftigt und durften uns daher in der Nähe der Baracke aufhalten.

Frage: Lag das Zimmer zu ebener Erde?

Antw.: Ja.

Frage: Wie lange haben Sie jeweils beobachtet?

Antw.: Etwa 30 bis 40 Minuten.

Frage: Was geschah mit den Häftlingen nach der Vernehmung?

Antw.: Sie wurden bewusstlos herausgetragen.

Frage: Wann spielten sich die Vorgänge ab?

Antw.: Weiß ich nicht.

Frage: Was wissen Sie sonst über Boger?

Antw.: Er war maßgeblich an den Selektionen beteiligt.

Frage: Was verstehen Sie darunter?

Antw.: Die Auswahl der Häftlinge nach bestimmten Gruppen. Die einen wurden zur Arbeit verwendet, die anderen kamen sofort in die Gaskammer.

Frage: Woher wissen Sie das?

Antw.: Ich kannte die Gaskammern genau, ich war dort oft mit Arbeiten beschäftigt.

Frage: Wie oft haben Sie Boger bei solchen Selektionen gesehen?

Antw.: 1 Mal, ich war mit der Reparatur einer Feldtelefonanlage beschäftigt. Vor der Rampe in Birkenau fuhr ein Zug vor, der mit Juden besetzt war.

Frage: Woran erkannten Sie die Juden?

Antw.: An den weissen Schildern, die sie an der Brust trugen. Von den SS-Leuten wurden erst die Kleinstkinder aus dem Zug geholt, sie wurden auf einen Haufen geworfen. Von dort wurden Sie sofort mit 2 Lkw abtransportiert und vergast. Dann holte man die größeren Kinder heraus und sortierte sie nach Jungen und Mädchen. Dann kamen die Frauen heraus die in 2 Gruppen eingeteilt wurden. Die eine Gruppe ging ins Lager, die andere wurde zu den Krematorien gebracht. Schließlich holte man die Männer heraus, auch sie wurden in 2 Gruppen aufgeteilt.

Frage: Wie verhielt sich Boger dabei?

Antw.: Er stand abseits bei der Kommission, erst als die Männer herauskamen beteiligte er sich an der Auswahl, dabei stieß er die Männer, die zur der Arbeitsgruppe drängten, brutal zurück.

Frage: Hat er sie dabei geschlagen?

Antw.: Das konnte ich nicht sehen.

Frage: Wer war sonst noch zugegen?

Antw.: Oberscharf. Emmrich, Unterscharf. Müller

Frage: Von wo beobachteten Sie den Vorgang?

Antw.: Von einer Hütte aus, an der ich arbeitete.

Frage: Waren Sie allein?

Antw.: Nein, mit einem Posten.

Frage: Name?

Antw.: Weiß ich nicht.

Frage: Können Sie von der Örtlichkeit eine Skizze anfertigen? *(Der Zeuge legt ein Skizze vor.)*

Frage: Wann spielte sich der Vorgang ab?

Antw.: Vermutlich 1943.

Frage: Welche Jahreszeit?

Antw.: Weiß ich nicht.

Frage: Haben Sie Boger später noch einmal bei solchen Selektionen gesehen?

Antw.: Noch 2 bis 3 Mal.

Frage: Wann war das?

Antw.: Das weiß ich nicht.

Frage: Wer war bei der Selektion der Kinder beteiligt?

Antw.: Hauptscharführer Moll (hingerichtet), Oberscharf. Taute, Oberscharf. Kirschner, Untersturmf. Woischnitza.

Frage: Was wissen Sie sonst über Boger?

Antw.: Ich sah einmal wie er einen Juden niederschlug und dann auf ihm herumtrampelte. Der Jude wurde dann in die Krankenbaracke gebracht; von dort kam niemals mehr einer lebend heraus.

Frage: Wann war das?
Antw.: Weiß ich nicht.
Frage: Bei welcher Gelegenheit?
Antw.: Vor dem Stammlager wurden Häftlinge auf einen Lkw geladen. Da kam einer nicht auf den Wagen herauf, den misshandelte Boger.
Frage: Waren Sie alleine zugegen?
Antw.: Ich unterhielt mich gerade mit dem Unterscharführer Riedl, Verbleib unbekannt. Riedl beaufsichtigte die Schweineställe.
Frage: Was wissen Sie sonst über Boger?
Antw.: Er wies einmal in meiner Gegenwart einen Kalfaktor an, 2 Häftlinge zu erschlagen, um die Zellen freizubekommen.
Frage: Wann war das?
Antw.: Vermutlich 1943.
Frage: Wer war der Kalfaktor?
Antw.: Es war ein holländischer Jude namens Jakob, er soll ein Trainingspartner von Max Schmeling gewesen sein. Von Jakob war bekannt, dass er auf Befehl der SS, Juden totschlagen musste. Das erledigte er mit Magenhaken.
Frage: Was sagte Boger zu Jakob?

Antw.: Jakob solle 2 Zellen freimachen, bis dann und dann.

Frage: Wie kamen Sie dazu?

Antw.: Ich war unten im Keller des Arrestblocks und sprach gerade mit Jakob. Als Boger kam, tat ich so, als ob ich arbeitete.

Frage: Wissen Sie, ob Jakob die Häftlinge erschlagen hat?

Antw.: Ja, ich kam einige Stunden später zu Jakob, da sagte er mir: »Ich habe sie fertigmachen müssen«. Damit meinte er die 2 Häftlinge.

Frage: Was wissen Sie sonst über Boger?

Antw.: Boger war häufig bei Erschießungen zugegen. Ich habe ihn etwa 50 Mal gesehen.

Frage: Hat Boger auch geschossen?

Antw.: Das habe ich nicht gesehen.

Frage: Wer nahm die Erschießungen vor?

Antw.: Unbekannte Exekutionskommandos der SS.

Frage: Wie verhielt sich Boger bei den Erschießungen?

Antw.: Boger stieß die Leute zur Wand hin. Er trat sie, wenn sie nicht schnell genug liefen.

Frage: Können Sie Zeugen dafür nennen?

Antw.: Ja. Stanislaus Kaczarowskj, Häftl.-Nr. 2214,

Thaddeus Kopaczek, Häftlings-Nr. 16844. Beide leben in Polen. Einzelne Erschießungen hat der Hauptscharf. Palizsch mit seinem Flobert-Gewehr vorgenommen.

Frage: Was wissen Sie sonst über Boger?

Antw.: Ich hab einmal gesehen, wie er 2 Zigeuner, ein Mann und eine Frau mit seiner Pistole erschoss, weil sie nicht freiwillig ins Krematorium gehen wollten.

Frage: Wann war das?

Antw.: Weiß ich nicht.

Frage: Bei welcher Gelegenheit?

Antw.: Es wurden 50 Zigeuner in das kleine Krematorium, unmittelbar hinter dem Stammlager Auschwitz I getrieben. Wer nicht freiwillig hinein wollte, wurde erschossen und zwar von Oberscharf. Quckernack, Oberscharf. Taute und von Boger. Die Zigeuner erkannten das Krematorium und wollten deshalb nicht hinein.

Frage: Von wo haben Sie das gesehen?

Antw.: Von der Lagerstraße aus.

Frage: War außer den Dreien noch jemand zugegen?

Antw.: Ja, Untersturmf. Grabner.

Frage: Hat er auch geschossen?

Antw.: Nein.

Frage: Hat noch jemand zugeschaut?

Antw.: Mehrere, die ich nicht kenne. Über den Vorgang muss auch der Krematoriumskapo Fritz Glocke, Verbleib unbekannt, Bescheid wissen.

Frage: Haben Sie die ganze Exekution miterlebt?

Antw.: Nein, ich bin dann weitergegangen in Richtung des Pfeiles.

Frage: Wissen Sie sonst noch etwas über Boger?

Antw.: Er hat sich an Erschießungen im Stammlager beteiligt.

Frage: Wann?

Antw.: Weiß ich nicht.

Frage: Jahreszeit?

Antw.: Weiß ich nicht.

Frage: Wo?

Antw.: In einer Kuhle im Stammlager. Dort wurden täglich Leute erschossen. Ich habe das auch täglich gesehen.

Frage: Von wo?

Antw.: Von meinem Wohnblock.

Frage: Welcher Block war das?

Antw.: Block 24. Er bekam später eine andere Nr.

Frage: Wie oft war Boger bei den Erschießungen zugegen?

Antw.: Öfter, genaue Zahl kann ich nicht angeben.

Frage: Wie oft hat er geschossen?

Antw.: Das habe ich nur einmal gesehen.

Frage: Womit hat er geschossen?

Antw.: Mit seinem Revolver.

Frage: Auf wen?

Antw.: Auf einen Häftling, der sich gesträubt hatte, in die Kuhle hinunterzugehen. Der Häftling war dann offensichtlich tot.

Frage: Kannten Sie ihn?

Antw.: Nein.

Frage: War er ein Jude?

Antw.: Weiß ich nicht.

Frage: Wer hat noch zugeschaut?

Antw.: Viele, ich kann sie aber nicht mehr mit Namen nennen.

Frage: Wer hat die Erschießungen durchgeführt?

Antw.: Ein Exekutionskommando.

Frage: Kennen Sie einzelne Leute?

Antw.: Nein.

Frage: War noch jemand von der SS zugegen?

Antw.: Obersturmf Seidler. Verbleib unbekannt. Er hat die Gnadenschüsse gegeben.

Frage: Was wissen Sie sonst über Boger?

Antw.: Er war an der Erschießung von 60 Häftlingen in der Kiesgrube, außerhalb des Stammlagers beteiligt.

Frage: Wann?

Antw.: Weiß ich nicht.

Frage: Woher wissen Sie ob es 60 waren?

Antw.: Ich habe sie gezählt.

Frage: Was hat Boger getan?

Antw.: Er hat die Häftlinge aus der Baracke getrieben und sie dabei geschlagen.

Frage: Hat er auch geschossen?

Antw.: Das weiß ich nicht.

Frage: Wer war sonst von der SS zugegen?

Antw.: Hauptscharf. Palizsch, Verbleib unbekannt. Oberscharf. Stark, Verbleib unbekannt, und mehrere Andere, deren Namen ich jetzt nicht kenne.

Frage: Waren noch andere Zuschauer zugegen?

Antw.: Es waren noch viele zugegen, deren Namen ich jetzt nicht kenne.

Frage: Was wissen Sie sonst noch über Boger?

Antw.: Ich weiß noch vieles über ihn. Das kann ich aber nicht alles im Verlauf einer Vernehmung sagen. Ich müsste mich darauf längere Zeit konzentrieren. Die Situation ist zu ernst und zu traurig. Wenn die Staatsanwaltschaft überhaupt daran interessiert ist, werde ich meine Kenntnisse schriftlich zu den Akten geben, wenn mir das überhaupt hier in der Anstalt gestattet ist.

Ein Durchschlag des Protokolls wurde vorgelesen, die Erstschrift wurde von dem Zeugen gleichzeitig selbst mitgelesen, eigenhändig verbessert, genehmigt und unterschrieben.

gez. Adolf Rögner

Weitere Aussagen des Zeugen Adolf Rögner

(. . .) Die zur Vergasung bestimmten Häftlinge wurden nach Geschlecht und Alter getrennt. Je nach der Kapazität der Vergasungsanlagen wurden die Häftlinge zum Teil gleich dorthin geführt und vergast, zum Teil noch in die Baracken eingewiesen, um dann später vergast zu werden. Den Häftlingen wurde nicht ausdrücklich gesagt, welches Schicksal ihnen zugedacht ist, doch konnten sie sicher sich darüber Gedanken machen und wussten größtenteils was ihnen bevorstand. Dies ergibt sich ja auch daraus, dass sie in zahlreichen Fällen ihre Wertgegenstände weggeworfen haben.

Bei jedem eintreffenden Häftlingstransport befanden sich eine Anzahl von Kindern und Kleinstkindern. So war es auch bei dem vorher erwähnten Transport den ich geschildert habe.

Bei der Trennung und Aufteilung haben sich ganz grauenhafte Szenen abgespielt, die ich jetzt an dieser Stelle nicht im einzelnen schildern möchte. Die Kleinstkinder wurden, wie ich von meinem Standort aus beobachten konnte, von SS-Männern des Bewachungspersonals ganz brutal aus der Hand gerissen.

bzw. aus dem Wagen geholt. Nachdem die Mütter, bzw. Eltern weggeführt worden waren, wurden die Säuglinge von den SS-Leuten schonungslos auf einen Haufen geworfen ohne Rücksicht auf Leben und Gesundheit derselben. Wie ich damals beobachten konnte, wurden bei diesem Transport 40 – 45 Säuglinge auf diese Weise auf einen Haufen geschichtet, etwa so, wie man schmutzige Wäsche auf einen Haufen wirft. Die Kinder haben natürlich furchtbar geschrien und gewimmert, und die, welche in dem Haufen unten zu liegen kamen, wurden vorher zusammengedrückt und sind erstickt. Die Eltern konnten diese grausame Behandlung ihrer Kinder nicht sehen. Die Angehörigen des Selektionskommando schauten hierbei aus nächster Nähe seelenruhig zu und billigten das Vorgehen. In zynischen und spöttischen Worten ließen sie ihre innere Einstellung und Verachtung der Judenkinder erkennen, wobei sich Boger wiederum hervortat.

Die Kinder wurden dann auf einen Lkw geworfen und zum Krematorium gefahren. Sie wurden dort, wie sie waren, mit ihren Windeln bei lebendigem Leib in den Ofen geworfen. Ob die Kinder noch lebten oder schon tot waren spielte keine Rolle. Es wurde bei jedem ankommenden Häftlingstransport so gehandhabt und es wurde bei jedem Transport zur Gewohnheit, mit den Kindern auf die gleiche Weise zu verfahren.

Ich werde gefragt, ob Boger an der Behandlung der Kinder und deren Ermordung persönlich beteiligt war. Hierzu kann ich anführen, dass er die SS-Männer, welche die Kinder auf die Pritsche warfen, zu besonderer Eile antrieb und auch einige Kinder, die auf dem Boden lagen, mit dem Fuß wegstauchte. Boger ist auch mit den erwachsenen Häftlingen zu den Gaskammern mitgegangen, wo auch zugleich das Krematorium war.

Ermordung eines 15-jährigen jüdischen Mädchens

Im Spätsommer 1943 hatte ich wieder in der Nähe der Eisenbahnrampe zu tun. Kurz zuvor war ein größerer Häftlingstransport eingetroffen und das Selektionskommando, welches aus denselben SS-Leuten und zusätzlich aus dem Lagerkommandanten Rudolf Höß und dem SS-Obersturmführer Mulka bestand, war wieder am Wirken. Ich hielt mich hinter einem starken Baum verborgen und schaute von dort dem Treiben zu. Ich sah dann, wie Boger mit einem etwa 15-jährigen Judenmädchen, welches ebenfalls erst mit dem Transport angekommen war, zur Seite ging. Das Mädchen hatte offensichtlich Angst und hielt deshalb seine Arme vor der Brust gekreuzt. Nachdem Boger mit dem Mädchen etwa 150 m von seinen übrigen Kollegen entfernt war – ich selbst stand in ca. 15 – 20 m Entfernung von dem Tatort – sprach Boger auf das Mädchen ein und kurz darauf schlug er es kräftig, so dass sie bewusstlos zu Boden fiel. Was Boger zu dem Mädchen sagte, konnte ich nicht verstehen, aber ich nehme an, dass er das Mädchen geschlechtlich missbrauchen wollte. Nachdem das Mädchern bewusstlos geschlagen war, konnte Boger sein schändliches Vorhaben wohl nicht mehr ausführen. Boger hat dann dem Mädchen die Kleider teilweise vom Leib gerissen, teilweise mit einem Taschenmesser, es kann auch ein Stilettmesser gewesen sein, aufgeschnitten. Nachdem das Mädchen teilweise bis auf Hemd und Unterhose entbößt war, stieß er sie mit dem Stiefel in die Hüfte und machte sich an den Augen des Mädchens zu schaffen, um sich möglicherweise von der Bewusstlosigkeit zu überzeugen. Anschließend trat er mit seinen Stiefelsohlen ziemlich kräftig auf den Hals des

Mädchens und bewegte diesen hin und her. Offenbar wollte er dabei feststellen ob sie tatsächlich bewusstlos ist. Daraufhin zog er seine Pistole und gab dem Mädchen in die linke und rechte Brust je einen Schuss. Schliesslich steckte er den Pistolenlauf in den Geschlechtsteil des Mädchens und feuerte nochmals einen Schuss ab. Anschließend ging Boger weg und gesellte sich wieder zum Selektionskommando. Ich selbst musste darauf achten, nicht bemerkt zu werden, denn als Zeuge dieses Vorgangs würde ich von Boger sicher sofort umgelegt werden.

Mein Bewacher hat den vorstehend beschriebenen Vorgang nicht beobachtet und sah auch die Leiche nicht liegen. Ich hütete mich, ihn darauf aufmerksam zu machen, denn sonst hätte er mich wahrscheinlich auch erschossen.

Ermordung eines 12-jährigen Mädchens

Zu einem Zeitpunkt, den ich heute nicht mehr angeben kann, waren eines Tages etwa 100 Mädchen im Alter von 6 – 13 Jahren vor der Gaskammer, bzw. auf einer Wiese zum Marsch zur Gaskammer aufgestellt. Da die Kinder kurz zuvor von ihren Angehörigen getrennt worden waren, befanden sie sich in großer Aufregung, wobei sie schrien und weinten. Ein etwa 12-jähriges Mädchen hatte das Bedürfnis auszutreten, doch schämte es sich vor den Anwesenden. Als dann die Kinder zur Gaskammer marschieren mussten. konnte dieses Mädchen nicht mehr richtig gehen und kam hintendrein.

Der anwesende Rapportführer sagte dann zu Boger, wenn das Mädchen nicht mehr gehen kann, müsste man es tragen. Boger zog daraufhin seine Pistole und erschoss das Kind. Palitzsch war offensichtlich mit dieser Handlungsweise einverstanden, was er damit zu erkennen gab, dass er ebenfalls 2 andere Mädchen, die sich aus Furcht und Verzweiflung an Boger und Palitzsch klammerten, mit seiner Pistole erschoss. Ich wurde deshalb Zeuge des Vorfalls, weil ich an der Verladerampe 2 Tiefstrahler aufzustellen hatte. Den Vorgang konnten wir aus ca. 80 Meter Entfernung beobachten.

Ermordung eines jüdischen Säuglings

Nach dem Eintreffen eines weiteren Häftlingstransportes in Auschwitz II nahm Boger einmal einen der Säuglinge die schon am Boden lagen, wickelte es aus den Windeln, so dass es völlig nackt war, nahm es an den Beinen und schlug es mit ziemlich großer Gewalt an die Eisenkante des Güterwagens, so lange bis der Kopf völlig zerquetscht war. Dann drehte er dem toten Kind Arme und Beine herum und warf es zur Seite. Warum er diese grausige Tat an dem Kind verübt hat, weiß ich nicht.

Ich weiß aber dass Wilhelm Boger aus der Gegend von Ludwigsburg stammt. Boger war 1946 aus einem alliierten Transport von Kriegsverbrechern auf dem Weg nach Polen geflüchtet und seither unbekannten Aufenthalts. Der Mithäftling in Bruchsal, dessen Namen, mir im Augenblick nicht einfällt, erklärte mir jedoch, dass er Boger genau kenne und auch wisse, dass dieser sich jahrelang versteckt gehalten habe. Nach seinen Angaben hatte Boger inzwischen in Stuttgart-Weilimdorf Wohnung bezogen und ist bei der Firma Heinkel ist in Stuttgart-Zuffenhausen beschäftigt.

Daraufhin habe ich gegen Boger bei der Staatsanwaltschaft Stuttgart schriftlich Anzeige erstattet.

Allein durch diese Anzeige konnte Boger letzten Endes festgenommen werden.

Geschlossen:	Gelesen und genehmigt:
Opferkuch (KOM)	Adolf Rögner

Bilder eines russischen Kriegsfotografen vom Tag der Befreiung des Lagers Auschwitz am 27. Januar 1945, Fotos: Alamy

Aussage Herbert Kurz, geb. am 20. 2. 1905 in Breslau, wohnhaft in Göppingen, Schalmeistraße 3 (Auszug)

Kurz vor Arbeitsschluss, es muss Anfangs Dezember 1943 gewesen sein, fuhr an unserem Barackenbau ein Sanitätskraftwagen vor, dem ein Oberscharführer entstieg, der mich aufforderte in den Sanka zu steigen. Im Sanka befanden sich bereits zwei weibliche Kapohäftlinge und drei männliche Häftlinge. Der SS-Oberscharführer, es handelte sich um Boger, wie ich nachträglich feststellte, erklärte mir, wir sollen auf der Fahrt nicht miteinander sprechen. Auf diese Weise lernte ich SS-Oberscharführer Boger kennen, der mir bisher persönlich unbekannt war. Ich habe wohl im Lager gehört, dass Boger ein gefährlicher Mann sei. Weitere Einzelheiten sind mir aber nicht bekannt gewesen. Wir wurden damals ins Stammlager nach Auschwitz gebracht.

Dort wurde ich zunächst von Boger in dessen Büro vernommen, der wissen wollte, ob ich mit der Prochalla einen Geschlechtsverkehr gehabt habe, das ich verneinte. Daraufhin wurde ich von Boger mit Draht an den Händen unter den Knien zusammengebunden, ein Stab zwischen die Kniekehlen gesteckt und der Stab auf zwei Tische mit Abstand gelegt, dadurch fiel ich mit dem Kopf nach unten und hing in dieser Stellung 4 Stunden, von 7.00 Uhr bis 11.00 Uhr. Während dieser Zeit wurde ich unter fortwährender Befragung durch Boger mit einem starken Stock, sehr schwer durch Schläge auf das Gesäß misshandelt. Dabei war noch Lachmann, der ebenfalls auf mich einschlug. Durch die Schlagwirkung gab ich Exkremente von mir. Boger und Lachmann schlugen mich auf das blanke Gesäß.

Das Büro von Boger war nicht in einer Baracke. Im Büro befand sich außer Boger und Lachmann, niemand. Durch die großen Schmerzen sagte ich zu Boger, dass ich mit der Prochalla Geschlechtsverkehr gehabt hätte, was aber nicht stimmte. Boger hat sich dies selbst aufgeschrieben während ich immer noch an der Schaukel hing. Ich entsinne mich auch, wie Boger sagte, die Schaukel habe er aus Krakau oder Warschau – den Ort weiß ich nicht mehr genau – mitgebracht, und es handle sich um eine wirkungsvolle Methode, Häftlinge zum Sprechen zu bringen.

Anschließend wurde ich von Boger von der Schaukel abgehängt. Ich war nicht mehr in der Lage zu laufen und wurde von den ebenfalls festgenommenen zwei weiblichen Lagerkapos, die sich die ganze Zeit im Flur aufhielten, in den Bunker in Block 11 geschleppt.

Am andern Tag wurde ich auf der Tragbahre ins Büro von Boger gebracht und dort der Prochalla gegenübergestellt. Dabei erklärte ich Boger im Beisein der Prochalla, dass ich keinen Geschlechtsverkehr mit der Frau gehabt hätte. Boger sagte mir dann, dass ich für meine Lüge noch extra etwas abbekommen würde, weil ich ihn belogen hätte. Ich musste dann auch noch zugeben, dass ich der Prochalla 100 RM gegeben habe. Dieses Geld gab ich ihr deshalb, weil sie sich bei Moll für mich einsetzen wollte, damit dieser von einer Meldung Abstand nehme. Das Geld hatte ich mir von anderen Häftlingen meines Arbeitskommandos besorgt.

Ich kam dann wieder in den Bunker und wurde in die sogenannte Hungerzelle geworfen, wo ich 2 Wochen zubringen musste.

Anschließend wurde ich nochmals von Boger vernommen, dabei erhärtete ich meine Angaben, dann wurde ich in den Bunker zurückgebracht, wo ich nochmals 7 Wochen mich im Dunkelarrest befand. Dort zog ich mir ein schweres Ischiasleiden zu, was dazu führte, dass ich aus dem Bunker herausgenommen wurde. Die nächsten 4 Wochen befand ich mich im Krankenrevier. Anschließend kam ich wieder nach Birkenau, wo ich einige Zeit beim Barackenbau tätig war. Wegen der 100 RM sollte ich noch 3 Monate zur Strafkompanie. Dazu kam es aber nicht mehr, weil ich an Flecktyphus erkrankte. (. . .)

Geschlossen:
Weida, Rauchfuß

Genehmigt und
unterschrieben:
Herbert Kurz

Schlafbaracke im KZ Theresienstadt, Foto vom Autor

Aussage Otto Locke, geb. 16. 9. 1913 in Brütz, Kreis Angermünde

(. . .) Ungefähr gegen 18.15 Uhr fuhr Boger mit dem Fahrrad an den Bunker heran, stellte das Fahrrad ab und ging in den Bunker hinein. Kurz darauf verließ er den Bunker durch einen Seitenausgang und betrat den Bunkerhof.

Unsere Beobachtungsstelle lag etwa 20 m (Luftlinie) vom Hof entfernt. Boger hatte, als er im Hof stand, ein kurzes Gewehr in der Hand. Es war weder ein Karabiner noch eine Maschinenpistole. In dem Gewehr befand sich ein Magazin, das von unten her, unauffällig, in das Gewehr eingeschoben werden konnte. Von Häftlingen war mir schon vorher bekannt, dass Boger eigens für diese Erschießungen ein solches Spezialgewehr anfertigen ließ. Kurz hinter Boger betrat Jakob den Hof, an jeder Hand führte er einen Häftling und mit diesen begab er sich an die rückwärtige Hofmauer. Jakob stellte sich zusammen mit den Polen so auf, dass sie mit dem Gesicht zur Mauer standen und somit Boger den Rücken zukehrten. Jakob stand in der Mitte. Boger ging dann mit seinem Gewehr auf die Häftlinge zu und nahm einen

Abstand von etwa 5 oder 6 Schritten zu ihnen ein. Ich kann mich jetzt erinnern, dass an der Stelle wo Boger stand, ein weißer, verwischter Strich auf dem Boden war. Es handelte sich eindeutig um ein Markierungszeichen, auf Grund dessen Boger genau wusste, wie weit er an die zu Erschießenden heranzutreten hatte. Kaum, dass die Gefangenen an der Mauer standen, krachten dann die Schüsse. Boger hatte auf jeden Häftling, je einen Schuss abgefeuert. Zuerst schoss er auf den links stehenden Häftling. Er zielte auf das Genick der Häftlinge. Als die Häftlinge getroffen und tot zu Boden fielen, ging Jakob her und schleppte die beiden Leichen nach links auf die Seite zum angrenzenden Block 10 hin. Von dort aus begab sich Jakob sofort wieder in den Bunker hinein und brachte nach kürzester Zeit wieder zwei Häftlinge heraus. Mit diesen wurde, wie vorher geschildert, verfahren.

In dieser Zeit, von 8.15 Uhr bis ca. 10.00 Uhr wurden auf diese Weise nach meiner eigenen Zählung ca. 50 bis 60 Häftlinge erschossen. Als etwa die Hälfte der von mir geschilderten Erschießungen der Polen durchgeführt war, ging Boger für etwa 10 Minuten in den Bunkerbau. Wie ich von Jakob erfahren habe, soll Boger bei dieser Gelegenheit Alkohol, – Kognak oder Schnaps – zu sich genommen haben. Er soll auch vor Beginn der Erschießungen Schnaps getrunken haben.

Ich kann mich heute noch erinnern, wie das Blut aus dem Hof unter dem Hoftor auf die Gasse hinauslief. Der Hofboden, bestehend aus Pflastersteinen die untereinander mit Zementguss verbunden waren, verlief nach dem Hof zu etwas abwärts. Als diese Erschießungen beendet waren, ging ich wieder zu meinem Kommando hinaus. Am gleichen Tag noch, habe ich von dem Optiker erfahren, dass die Leichen der morgens erschossenen Häftlinge, auf einen Lkw geworfen und weggefahren wurden. Die Leichen wurden in das Auschwitzer kleine Krematorium transportiert.

Ich werde gefragt, wie es möglich war, dass ich mir an diesem Morgen frei nehmen konnte, da ich ja, nach meinen eigenen Angaben, als Kommandoschreiber bei der DAW arbeitete. Als Kommandoschreiber hatte ich die Pflicht, Meldungen unseres Arbeitskommandos, sowie Kranke von der Arbeitsstelle zum Lager zu verbringen. Zu diesem Zweck konnte ich mich innerhalb der Postenkette frei bewegen. Auf diese Weise war es mir möglich, mich an jenem Vormittag vom Kommando zu entfernen. (. . .)

Geschlossen:
Weida
Kriminaloberkommissar

Genehmigt und
unterschrieben:
Otto Locke

Gefängniszelle im Lager Theresienstadt, Foto vom Autor

Aussage Robert Unrath, geb. 19. 5. 1913 in Heilbronn wohnhaft Neckarsulm, Goethestr. 45

(. . .) Erschießungen wurden in Auschwitz an der Wand zwischen Block 10 und 11 durchgeführt. Ich selber war nie Zeuge einer Erschießung, jedoch habe ich öfters Ströme von Blut zwischen Block 10 und 11 gesehen. Wenn mir der Name Palitzsch genannt wird, so erinnere ich mich ganz genau, dass der bei den Erschießungen dabei war. Er war einer der furchtbarsten Menschen, die ich kennengelernt habe. Über den Verbleib von Palitzsch ist mir nichts bekannt. Erhängungen wurden in Auschwitz ebenso viele durchgeführt. Insbesondere kann ich nicht sagen wie Boger oder andere Größen bei diesen Erhängungen mitgewirkt haben.

Die politische Abteilung in Auschwitz ist mir ein Begriff. Ich selber musste zweimal dort vorsprechen, das erste Mal in der Zeit, als ich noch im Stammlager war; das zweite Mal, als ich bei der Strafkompanie war. Wer diese Strafkompanie geleitet hat, kann ich heute nicht mehr sagen, jedoch weiß ich mit Sicherheit, dass Boger mich empfangen hat. In seinem Büro waren noch zwei weibliche Bedienstete. Als ich das erste Mal bei Boger vorreiten musste, geschah dies, weil ich wegen Tauschgeschäften bei ihm denunziert wurde. Als ich mich bei ihm gemeldet hatte, empfing er mich mit den Worten: »So, bist du Strolch da!« Dabei schlug er mir gleich mehrere Male mit der Faust ins Gesicht. In der anschließenden Vernehmung wollte er unbedingt wissen, wie die Tauschpartner geheißen haben. Es handelte sich um Zivilisten von außerhalb des Lagers, die nur zur Arbeit ins Lager kamen. Ich wusste dies wirklich nicht, da ich diese Menschen nicht näher kannte. Nachdem ich nichts sagen konnte, schlug er mich zunächst mit einem Knüppel zu Boden und trat mich dann mit seinen Stiefeln auf alle Körperteile. Ich war zunächst bewusstlos, aber dadurch, dass er mir Wasser ins Gesicht goss, wachte ich wieder auf, dann fing die Prozedur wieder von vorne an. Das wiederholte sich einige Male innerhalb 2 Stunden. Bemerken möchte ich noch, dass ich nicht allein zu dieser Zeit bei Boger war, sondern, dass noch weitere 3 Häftlinge dabei waren. Mit diesen ist Boger genauso verfahren, bis einer die Namen der Zivilisten bekannt gab.

Wie ich später erfahren habe, sind diese Zivilisten bei Block 11 erschossen worden. Die der Vernehmung folgende Nacht musste ich im Stehbunker verbringen. Auf Grund der geschilderten Vorfälle wurde ich für ein halbes Jahr der Strafkompanie in Birkenau zugeteilt.

Die Strafkompanie in Birkenau wurde in jener Zeit von einem großen, brutalen SS-Angehörigen geführt. Der Name und Dienstgrad dieses SS-Mannes ist mir heute nicht mehr in Erinnerung. Die Begrüßung durch diesen SS-Mann ging so vor sich, dass er uns sofort mit seinen Stiefeln in den Bauch trat. Anderntags musste ich sofort zur Arbeit ausrücken, und zwar zum sogenannten Weichseldurchstich. Die Arbeitszeit dauerte von morgens 7.00 Uhr bis abends 19.00 Uhr. Unser Essen bestand nur aus Steckrüben und Kartoffeln, und das niemals genug. Aus dieser Zeit stammen meine scheußlichsten Erinnerungen während des Aufenthalts im KZ. Während der Arbeitszeit wurden sehr viele zu Tode geprügelt.

An einen bestimmten Vorfall kann ich mich noch gut erinnern. Ich glaube es war Ende des Jahres 1944, kam ein polnischer Schriftsteller mit einem Transport an. Es handelte sich hierbei, meines Wissens, um einen sehr bekannten Mann. Dieser brachte sogar sein eigenes Auto mit. Schwarzhuber hat diesen persönlich an der Rampe in Birkenau in Empfang genommen. Nachdem er sich zunächst kurz mit ihm unterhielt, befahl er dem Polen in Richtung Krematorium zu fahren, er selbst setzte sich auf den Beifahrersitz. Nach einer kurzen Strecke hielt das Fahrzeug plötzlich an und ich hörte 2 Schüsse. Schwarzhuber stieg sodann aus dem Fahrzeug und ein anderer SS-Angehöriger lenkte das Fahrzeug weiter zu den Krematorien. Es war klar, dass der polnische Schriftsteller in seinem eigenen Auto von Schwarzhuber erschossen worden war.

Da unser Weg zur Arbeitsstelle zwischen den Krematorien 2 und 3 hindurchführte, habe ich bei dieser Gelegenheit öfters gesehen, wie Vergasungen durchgeführt wurden. An SS-Leuten, die dabei mitgewirkt haben, habe ich noch die Namen Boger, Moll und einen weiteren SS-Mann, der später von einer Jüdin erschossen wurde, in Erinnerung. Boger selbst habe ich zweimal gesehen, wie er das Gas durch die Luken, auf denen Einfüllstutzen aufgesetzt waren, in die Gasräume geschüttet hat. Als er wahrnahm, dass wir ihn dabei beobachtet hatten, schimpfte er zu uns herüber, wobei er eine Konservenbüchse in der Hand hielt, in der bekanntlich das Zyklon B enthalten war. Ich selbst habe auch verschiedene Male, und auch in den zwei Fällen gesehen, wie Boger das Gas in die Öffnungen schüttete und das Schreien und Wimmern aus den Gaskammern deutlich gehört.

Geschlossen:	Genehmigt
Witzlinger (PHW)	und unterschrieben
	Robert Unrath

Einzelzelle in Theresienstadt, Foto vom Autor

Aussage Hugo Breiden, geb. 1. 8. 1907 in Hillscheid wohnhaft in Stuttgart-Bad Cannstatt, Hagelschieß 2

(. . .) An einem Abend um 5.00 Uhr wurde ich mit dem Auto abgeholt und nach der berüchtigten politischen Abteilung verbracht. Ich möchte hier im Namen tausender unglücklicher Häftlinge sprechen, die diese Einrichtung kennen und nur noch mit Schrecken und Todesverachtung daran zurückdenken.

Die politische Abteilung und die dort tätigen SS-Leute war die gefürchtetste Abteilung im ganzen Lager.

Dort wurde ich von dem SS-Rottenführer Hoyer, der zwischenzeitlich Unterscharführer geworden war, empfangen und vernommen. Auf die Frage, was auf dem Kommando los war, gab ich keine Antwort, denn ich wollte meine Mitgefangenen nicht verraten. Hoyer erklärte mir, dass es nicht nötig sei, etwas zu erzählen, dafür hätte er andere Methoden und sagte: »Sieh dir mal den Schornstein dort an«, und deutete auf das an die politische Abteilung angrenzende Krematorium hin.

Im Zimmer von Hoyer war noch ein weiterer SS-Mann. Außerdem war ein SS-Weib mit anwesend.

Ob der mit anwesende SS-Mann Boger war, kann ich heute nicht mehr mit Bestimmtheit sagen.

Auf dem mir vorgelegten Bild erkenne ich tatsächlich die dargestellte Person, von der ich weiß, dass sie ebenfalls von der politischen Abteilung im Lager Auschwitz war. Ich kann allerdings den Namen heute nicht mehr nennen. Ich täusche mich aber keinesfalls, dass die abgebildete Person dort war, und wenn ich mich recht entsinne, einen höheren Dienstrang als Hoyer hatte.

Hoyer hat mich sofort mit einer Spirale geschlagen, quer über das Gesicht. Ich verlor dadurch 5 Zähne. Anschließend legte er mich über einen Stuhl, zog mir die Hose herunter und verabreichte mir auf das nackte Gesäß 25 Stockhiebe. Anschließend legte er mir die Fessel an, steckte mir eine Eisenstange zwischen die gefesselten Hände und Beine und hing mich mit Hilfe eines Helfershenkers auf zwei Eisenständer.

Hierzu möchte ich bemerken, dass es bei diesem einer Art Reck um die weltbekannte Auschwitzer Schaukel handelt. Diese Schaukel wurde von Boger erfunden und stand in einem angrenzenden leeren Raum, unmittelbar neben dem Dienstzimmer, wo

Hoyer war. Ich kann jederzeit eine Zeichnung vorlegen. Diese ganzen Einrichtungen und anderes mehr, standen unter dem persönlichen Schutz des größten Verbrechers, Untersturmführer Grabner, der allein in seiner Zeit seiner Verbrechergewalt in Auschwitz, tausende unschuldige Menschen auf dem Gewissen hat.

Das Aufhängen auf diese Schaukel musste jedenfalls von zwei SS-Männern vorgenommen werden. Ein SS-Mann war nicht in der Lage, den gefesselten Häftling auf diese Schaukel zu hängen. Ich erinnere mich noch sehr gut daran, dass Hoyer keinen anderen SS-Mann rufen musste. Es muss somit ein anderer SS-Mann im Zimmer gewesen sein. Es besteht also durchaus die Möglichkeit, dass Boger derjenige war, der mich zusammen mit Hoyer auf die Schaukel gehängt hatte.

Die Fesselung erfolgte auf die Art, dass mit angezogenen Beinen die Arme vor den Knien mit einer Handfessel geschlossen wurden, dann wurde eine Eisenstange hinter den Kniekehlen durchgesteckt und der Häftling in diesem Zustand auf die Reckstange aufgehängt. Der Oberkörper kam infolge des Schwergewichts nach unten zu hängen, während das

Gesäß nach oben kam. In dieser Lage wurden die Schläge auf das nackte Hinterteil verabreicht.

Auf dieser Schaukel bekam ich von Boger und einem anderen SS-Mann 150 Stockhiebe. Da ich inzwischen 3 mal besinnungslos wurde, bekam ich jedesmal eine Flasche Mattoni-Wasser in die Nase gegossen, um wieder zur Besinnung zu kommen.

Da ich nun völlig zusammengeschlagen war, wurde ich in den Bunker geworfen. Am nächsten Morgen, am 2. April 1943, 7.00 Uhr morgens, wurde ich wieder geholt und bei Hoyer vorgeführt. Ich wurde wieder gefesselt und bekam auf die offenen Wunden nochmals 50 Stockhiebe. Unter diesen unmenschlichen Qualen bin ich nun endgültig zusammengebrochen. Anschließend wurde ich in den Stehbunker verbracht. Dort verblieb ich 3 Tage ohne Essen und Trinken. Bei dem Bunker handelt es sich um eine Zelle, die 80 × 60 cm groß war und kein Tageslicht hatte. (. . .)

Gezeichnet:	Gezeichnet:
Haug, Kriminalkommissar	Hugo Breiden

Der Zellentrakt in Theresienstadt, Foto vom Autor

Wilhelm Bogers schreckliche Welt – ein Fazit

Bei Wilhelm Boger muss es sich um eine gestörte Persönlichkeit gehandelt haben. Anders sind seine Gewalttaten an den Häftlingen von Auschwitz nicht zu erklären. Denn wer ein Kind nachweislich an den Füßen hält und gegen eine Eisenkante schmettert, muss nach herkömmlichen Maßstäben »nicht normal« sein, wie man gemeinhin urteilt. So hat es auf den ersten Blick den Anschein.

Doch wenn Boger physisch und psychisch »normal« war, welche Beweggründe hatte er dann für seine barbarischen Grausamkeiten?

Dies ist schwer einzuschätzen. Kann es sein, dass dieser Mann so verblendet war, und von dem Wahn zerfressen, im Sinne des Nazistaats zu tun, was er glaubte tun zu müssen? Zweifellos ist bei solchen Menschen eine sadistische Grundhaltung vorhanden, die sie nun hemmungslos ausleben konnten, sonst wären solche Verbrechen nach normalem menschlichem Ermessen doch nicht möglich gewesen. Die Hintergründe für ein solches Handeln werden wohl niemals ans Licht gebracht werden. Zu tief sind diese Veranlagungen im Menschen verwurzelt.

Er war ja nicht der Einzige, der zu diesen Untaten fähig war. Es gab tausende solcher Bogers in den schlimmsten Ausprägungen, die man sich denken kann.

Dieser Mensch zeigte Zeit seines Lebens keinerlei Unrechtsbewusstsein, im Gegenteil, wenn er auf seine Zeit in Auschwitz angesprochen wurde, prahlte und brüstete er sich mit seinen verbrecherischen Taten bis zuletzt.

Ein Entnazifizierungsverfahren vor der Spruchkammer Stuttgart überstand er schadlos. Die Kammer konstatierte: »Er macht auch nicht den Eindruck eines rohen, brutalen Menschen, vielmehr den eines vernünftigen, gut geschulten Kriminalbeamten«, und stellte das Verfahren zu Lasten der Regierungskasse ein. Tarnen und Täuschen war in der Nachkriegszeit auf fast allen Gerichtsebenen, die sich mit dem Nationalsozialismus beschäftigen mussten, gang und gäbe; man war bestrebt der Volksmeinung zu entsprechen und einen Schlussstrich unter die Nazi-Vergangenheit zu ziehen.

Auch die Verzögerung von Bogers Verhaftung, 5 Monate nach Eingang der Strafanzeige, kann als symptomatisch angesehen werden.

Während dem Frankfurter Prozess grinst Boger Zeugen zynisch an und springt mitunter auf, um sie mit »Heil Hitler« anzuschreien. Er streitet die ihm zur Last gelegten Taten ab und zeigt keinerlei Reue.

Im August 1965 wird er wegen Mordes in fünf Fällen, gemeinschaftlichen Mordes in 109 Fällen und wegen Beihilfe zum Mord in mehr als 1000 Fällen zu lebenslanger Haft, plus 15 Jahren, verurteilt.

Boger hatte sich zu keinem einzigen Anklagepunkt schuldig bekannt. Er starb 1977 in Haft.

Bogers Geschichte wird auch in dem Buch »Stuttgarter NS-Täter« erzählt. Darin kommt auch seine Enkelin Ursula zu Wort. Das meiste über ihren Großvater, so schreibt sie in dem Kapitel »Das große Schweigen«, habe sie aus Büchern und dem Internet erfahren. In der Familie sei über das Thema »weitgehend geschwiegen« worden. Sie selbst habe jahrelang aus Scham niemanden erzählt, Enkelin dieses »Monsters« zu sein. »Er hat brutal auch kleine Kinder getötet, und ein Foto von mir als kleines Kind hing in der Gefängniszelle an der Wand, inmitten der anderen Enkelkinder. Das bringe ich nicht zusammen.«

Zitate zu Auschwitz und dem Holocaust

Es war nicht eine kleine Zahl von Verbrechern, es waren Hunderttausende einer sogenannten deutschen Elite, Männer, Jungen und entmenschte Weiber, die unter dem Einfluss verrückter Lehren in kranker Lust diese Taten begangen haben. Thomas Mann, Schriftsteller

Wer gefoltert wurde, bleibt gefoltert. Wer der Folter erlag, kann nicht mehr heimisch werden in der Welt.
Die Schmach der Vernichtung lässt sich nicht austilgen. Das zum Teil schon mit dem ersten Schlag, in vollem Umfang aber schließlich mit der Tortur eingestürzte Weltvertrauen wird nicht wiedergewonnen.
Primo Levi, »Die Untergegangenen und die Geretteten«

Ein grosses, bedeutendes Volk, die Deutschen, wer leugnet es? Das Salz der Erde vielleicht. Aber als politische Nation – unmöglich! Ich will, ein für allemal, mit ihnen als solcher nichts mehr zu tun haben. Hermann Hesse

Ich tue das Beste, was ich tun kann. Mehr kann ich nicht tun. Ich will sagen, was Menschen getan haben.
Dass sie Menschen nicht anerkannt haben als Menschen.
Margot Friedländer, Überlebende des KZ Theresienstadt

Wir Deutsche blicken mit Schrecken und Scham zurück auf den von Deutschland entfesselten Zweiten Weltkrieg und auf den von Deutschen begangenen Zivilisationsbruch Holocaust. […] Es gibt keinen Schlussstrich.

Bundespräsident Horst Köhler zum Gedenken des Kriegsendes am 8. Mai 2005

Ich werde es nicht bedauern, diese Welt zu verlassen. Dass wir heute in so einer Welt leben mit dem Antisemitismus und Leuten die sagen, dass der Holocaust nur eine Erfindung war. Ich persönlich habe keine Zukunft mehr. Zukunft werde ich haben dort. Ich werde nicht die Hölle haben, die Hölle war hier.

Leokadia Szlak, verbrachte 5½ Jahre in Auschwitz und Dachau; lebt in Armut in Haifa (Israel)

Antisemitismus ist keine Meinung.
Er ist eine Perversion. Eine Perversion, die tötet.

Chaques Chirac, Präsident Frankreich

Ein Volk, das diese wirtschaftlichen Leistungen erbracht hat, hat ein Recht darauf, von Auschwitz nichts mehr hören zu wollen!

Franz-Josef Strauß, bayrischer Ministerpräsident, 1969

Die Gräberfelder im Konzentrationslager Theresienstadt (Terezín)

Fotos vom Autor

Der Davidsstern, als von der Sonne beleuchtetes Hoffnungssymbol in der jüdischen Gedenkstätte im Konzentrationslager Flossenbürg, Foto vom Autor

Anhang

Chronologie des Adolf Eichmann

1906

19. März: Adolf Eichmann wird als Sohn des Buchhalters und späteren Firmenbesitzers Adolf Eichmann und dessen Ehefrau Maria (geb. Schefferling) in Solingen (Rheinland) geboren.

1914

Umzug der Familie nach Linz (Österreich).

1921-1923

Besuch der »Höheren Bundeslehranstalt für Elektrotechnik, Maschinenbau und Hochbau« in Linz. Eichmann verlässt die Schule ohne Abschluss.

1923-1933

Tätigkeiten als Bergarbeiter und Verkäufer in Firmen, bei denen sein Vater Teilhaber ist. Später Reisevertreter bei der »Vacuum Oil Company« in Wien.

1927

Beitritt zur Deutsch-Österreichischen Frontkämpfer-Vereinigung

1932

1. April: Eichmann wird Mitglied der österreichischen Nationalsozialistischen Arbeiterpartei

(NSDAP). Die Aufnahme in die Schutzstaffel (SS) erfolgt sieben Monate später. Aufgrund des österreichischen NSDAP-Verbots Übersiedlung nach Deutschland, wo er in Bayern eine vierzehnmonatige militärische und ideologische Ausbildung durch die SS erhält. Eichmann wird in den Sicherheitsdienst (SD) aufgenommen und zieht nach Berlin.

ab 1935

Referententätigkeit im SD-Hauptamt Berlin, Referat II 112 (»Juden«). Eichmann beschäftigt sich mit der Frage, wie die Zwangsumsiedlung der jüdischen Bevölkerung beschleunigt werden kann. Er erwirbt oberflächliche Kenntnisse des Hebräischen und Jiddischen, nimmt Kontakt mit Zionistenführern auf.

1938

März: Nach dem »Anschluss« Österreichs Versetzung nach Wien.

August: Eichmann organisiert die »Zentralstelle für jüdische Auswanderung« in Wien, die einzige NS-Stelle, die ermächtigt ist, österreichischen Juden Ausreisegenehmigungen zu erteilen. In weniger als eineinhalb Jahren verlassen rund 128.000 Juden zwangsweise das Land.

1939

Oktober: Er übernimmt die Leitung der von Reinhard Heydrich im Juni eingerichteten »Reichszentrale für jüdische Auswanderung« in Berlin. Eichmann ist an den Planungen zur Zwangsumsiedlung der Juden in das Generalgouvernement beteiligt.
Dezember: Er erhält das Referat IV D 4 »Auswanderung und Räumung« (ab 1941 Referat IV B 4 »Judenangelegenheiten, Räumungsangelegenheiten«) des Reichssicherheitshauptamts (RSHA) in Berlin, Kurfürstenstraße 115/116. Eichmann wird zur zentralen Figur der Deportationen von mehreren Millionen Juden in die Ghettos und Konzentrationslager.

1941

9. November: Beförderung zum SS-Obersturmbannführer. Eichmann reist erstmals nach Auschwitz. Weitere Besichtigungen der Vernichtungslager folgen.

1942

20. Januar: Er führt Protokoll auf der Wannsee-Konferenz. Den Vorsitz hat Reinhard Heidrich.
Beschluss: Die »Endlösung der Judenfrage« –
Das Ziel: die systematische Ermordung von
11 Millionen jüdischer Menschen.

1944

März: Als Führer eines Sonderkommandos organisiert Eichmann in Budapest die Deportation ungarischer Juden nach Auschwitz.

1945/46

Nach Ende des Zweiten Weltkriegs gelingt ihm im Februar 1946 die Flucht aus der amerikanischen Internierungshaft.

1946-1950

Mit gefälschten Papieren lebt Eichmann in Deutschland. Er arbeitet zeitweise als Holzarbeiter in der Lüneburger Heide.

1950

Eichmann emigriert über Italien nach Argentinien, wo er unter dem Namen Ricardo Klement in Buenos Aires lebt. Seine Frau Vera (geb. Liebl) folgt ihm wenig später mit ihren drei Söhnen. Er erhält u.a. eine Anstellung als Schweißer und Mechaniker in einer Mercedes-Benz-Fabrik.

1958

erhielt der damalige hessische Generalstaatsanwalt Fritz Bauer einen Hinweis aus Argentinien über den Aufenthaltsort Eichmanns.

1960

11. Mai: Nach monatelanger Beobachtung nimmt der israelische Geheimdienst »Mossad« Eichmann fest. Er wird neun Tage später nach Israel entführt, da zwischen Argentinien und Israel kein Auslieferungsabkommen besteht.

1961

April – Dezember: Eichmann-Prozess in Israel.
Er bekennt sich nicht schuldig im Sinne der Anklage und beruft sich auf Befehle von Vorgesetzten.
Eichmann wird in erster und zweiter Instanz zum Tode verurteilt.

1962

Nacht zum 1. Juni: Das Todesurteil wird im Gefängnis Ramleh bei Tel Aviv an Adolf Eichmann vollstreckt. Die Asche wird ins Meer gestreut.

Adolf Eichmann zu Beginn seines Prozesses in Jerusalem, 1961,
© ZEIT online

»Hätten wir 10,3 Millionen Juden getötet, dann wäre ich befriedigt und würde sagen, gut, wir haben einen Feind vernichtet. … Ich war kein normaler Befehlsempfänger, dann wäre ich ein Trottel gewesen, sondern ich habe mitgedacht, ich war ein Idealist gewesen.«

»Ich habe den Befehl gehabt, ob sie nun getötet wurden oder nicht, er musste durchgeführt werden. Er ist auf dem administrativen Wege erledigt worden, ich habe nur ein Teilchen dafür zu erledigen gehabt, die anderen Teilchen, die notwendig waren, bis so ein Transport rollte, haben die verschiedenen anderen Stellen gehabt.«

»Die Verantwortung aber, das Gewissen, muss die Staatsspitze haben, und es wurde uns ja dauernd gepredigt, in Wort und in Schrift: Vertrauen zur Führung. Bei einer guten Staatsführung hat der Untergebene Glück, bei einer schlechten, Unglück. Ich hatte kein Glück, denn das damalige Staatsoberhaupt gab den Befehl zur Vernichtung der Juden.«

Franz Meyer, Mitglied der Reichsvertretung der Juden in Deutschland, sagte über eine Begegnung mit Eichmann in Wien, er habe früher gedacht, dass Eichmann ein niedriger Offizier gewesen sei:
»Ein Typ, den man Beamter oder Bürokrat nennen würde. Und hier traf ich einen Mann mit der Haltung eines Herrschers, der über Leben und Tod entschied; er empfing uns unverschämt und grob und erlaubte uns nicht, uns seinem Schreibtisch zu nähern.«

Die Zeugin Charlotte Salzberger erzählte über eine Befragung durch Eichmann im Lager Theresienstadt 1945: *»Er benutzte einen Ausdruck: ›dann werden sie durch den Schornstein gehen‹«.*

Anhang

Chronologie des Josef Mengele

1911

16. März: Josef Mengele wird im bayerischen Günzburg als Sohn des Maschinenbauingenieurs Karl Mengele und dessen Frau Walburga (geb. Hupfauer) geboren. Er wächst in einer national-konservativ geprägten, begüterten Industriellenfamilie auf.

1930

Beginn des Studiums der Medizin, später auch der Anthropologie in München, Wien und Bonn.

1932

Mengele wird Mitglied in der Jugendorganisation des »Stahlhelm - Bund der Frontsoldaten«.

1934

Nach Überführung der Stahlhelm-Mitglieder in die Sturmabteilung (SA) verlässt Mengele die NS-Organisation unter Hinweis auf gesundheitliche Probleme.

1935

Bei dem Münchener Anthropologen Theodor Mollison (1874-1952) promoviert er zum Dr. phil. mit dem Thema »Rassenmorphologische Untersuchung«.

1936

Mengele legt die medizinische Staatsprüfung ab und leistet für vier Monate sein Medizinalpraktikum an der Kinderklinik der Universität Leipzig.

1937

Er wird Assistent am von Otmar Freiherr von Verschuer (1896-1969) geleiteten Institut für Erbbiologie und Rassenhygiene in Frankfurt/Main. Mengele wird Mitglied in der Nationalsozialistischen Deutschen Arbeiterpartei (NSDAP).

1938

Am Frankfurter Institut promoviert Mengele mit einem Thema zur Vererbungs- und Konstitutionslehre. Der Titel seiner Dissertation lautet »Sippenuntersuchungen bei Lippen-Kiefer-Gaumenspalte«.
Er tritt der Schutzstaffel (SS) bei.
September-Januar 1939: Mengele leistet Wehrdienst beim Gebirgsjägerregiment 137 in Saalfelden/Tirol.

1939

Mengele heiratet Irene Schoenbein. Aus der Ehe geht ein Sohn hervor.

1940

Frühsommer: Einberufung zur Wehrmacht.
August: Mengele meldet sich freiwillig zur Waffen-SS. Zunächst Einsatz in der Einwandererzentralstelle in Posen.

1941

Mengele wird Bataillonsarzt in der SS-Division »Wiking«. Mit dieser Division nimmt er von Beginn an am Krieg gegen die Sowjetunion teil.

1942

Er wird schwer verwundet.

1943

Januar: Mengele wird als frontuntauglich zum SS-Ersatz-Bataillon Ost nach Berlin versetzt. Dort ist er für das inzwischen von seinem Mentor Verschuer geleitete Kaiser-Wilhelm-Institut für Anthropologie, menschliche Erblehre und Eugenik tätig.
20. April: Beförderung zum Hauptsturmführer.
30. Mai: Mengele trifft als Ersatz für einen längerfristig erkrankten Arzt im Konzentrationslager (KZ) Auschwitz ein und wird neuer Lagerarzt des sogenannten Zigeunerlagers in Auschwitz-Birkenau.

Sein Vorgesetzter ist der SS-Standortarzt von Auschwitz, Eduard Wirths (1909–1945).

1943–1945

In Auschwitz führt Mengele medizinische und anthropologische Untersuchungen durch. Er wählt »geeignetes medizinisches Forschungsmaterial« aus, um seine Vererbungstheorien zu testen. Sein Hauptinteresse gilt dem Studium von Menschen mit körperlichen Abnormitäten sowie der Zwillingsforschung. Die Experimente enden meist mit dem Tod seiner Opfer. Mengele selektiert wie alle SS-Ärzte in Auschwitz sowohl Neuankömmlinge an der Rampe als auch Häftlinge im Lager. Es liegt in seinem Ermessen, Kinder, Kranke und Greise als nicht arbeitsfähig auszumustern und für den Tod in der Gaskammer zu bestimmen.

1944

Juli/August: Das »Zigeunerlager« wird aus Platzgründen liquidiert. Mengele übernimmt die Organisation und die Selektion der Häftlinge, in deren Verlauf er 3.000 Menschen vergasen lässt. 1.400 arbeitsfähige Insassen werden in das KZ Buchenwald deportiert. Mengele wird leitender

Arzt im Häftlingskrankenbaulager von Auschwitz-Birkenau.

1945

17. Januar: Zehn Tage vor der Befreiung von Auschwitz flieht Mengele vor der heranrückenden Roten Armee ins KZ Groß-Rosen und weiter nach Berlin, um beim für die KZ zuständigen Wirtschafts- und Verwaltungshauptamt der SS weitere Befehle einzuholen.
6. Februar: Er kehrt als neuer Standortarzt nach Groß-Rosen zurück und flieht nach nur wenigen Tagen vor der Roten Armee in eines der Außenlager.
2. Mai: Mengele trifft auf seiner Flucht nach Westen auf ein Wehrmachtslazarett, dem er sich anschließt.
Juni: Er wird mit der Wehrmachtseinheit von amerikanischen Truppen interniert.
August: Mengele wird unerkannt unter dem falschen Namen »Fritz Hollmann« entlassen. Er macht sich auf den Weg nach Günzburg, wo er sich einige Wochen versteckt hält.

1945–1949

Mengele arbeitet als Knecht unter falschem Namen auf einem Hof in Mangolding bei Rosenheim.

1949

April: Mit einem auf den Namen »Helmuth Gregor« ausgestellten Pass des Internationalen Komitees vom Roten Kreuz (IKRK) beginnt Mengeles Flucht über Genua (Italien) nach Südamerika.
20. Juni: Er erreicht auf dem Schiff »North King« Buenos Aires (Argentinien).

1949–1959

Mengele lebt weitgehend unbehelligt in Buenos Aires. Seine Familie unterstützt ihn finanziell.

1954

Er lässt sich von seiner in Europa verbliebenen Frau scheiden.

1956

Mengele verbringt mit der Witwe seines Bruders Karl, Martha Mengele, sowie seinem Sohn und seinem Neffen einen Winterurlaub in der Schweiz. Danach beantragt er eine Identitätsfeststellung und einen neuen deutschen Pass auf seinen tatsächlichen Namen. Beides erhält er ohne Probleme.

1958

Mengele heiratet in Montevideo (Uruguay) seine Schwägerin Martha, die ihm 1956 nach Südamerika gefolgt ist. August: Der Schriftsteller Ernst Schnabel (1913–1986) erstattet Strafanzeige gegen Mengele. Schnabel macht im Rahmen seiner Veröffentlichungen über Anne Frank auf Mengele, seine Verbrechen und die unzureichende Fahndung nach Mengele aufmerksam.

1959

25. Februar: Erster Haftbefehl gegen Mengele.
Mai: Die internationale Suche nach NS-Verbrechern zwingt Mengele, Argentinien zu verlassen und nach Paraguay überzusiedeln. Er wird Staatsbürger Paraguays.

1960

Sommer: Nach der Entführung von Adolf Eichmann durch den israelischen Geheimdienst nach Jerusalem fühlt sich Mengele nicht mehr sicher und taucht in der Nähe von São Paulo (Brasilien) unter.

1960–1975

Mengele hält sich in der Umgebung von São Paulo

auf abgeschiedenen Farmen verborgen und hat kaum Kontakt zur Außenwelt.

1975

Er bezieht ein kleines Haus in einem ärmlichen Viertel von São Paulo.

1979

7. Februar: Josef Mengele ertrinkt nach einem Schlaganfall beim Schwimmen im Badeort Bertioga bei São Paulo. Unter dem Namen »Wolfgang Gerhard« wird er in Embu (Brasilien) begraben. Seiner Familie gelingt es, den Tod geheimzuhalten.

1982

Der bundesdeutsche Haftbefehl gegen Mengele wird erneuert. Auf seine Ergreifung werden zehn Millionen Deutsche Mark ausgesetzt.

1985

Frühjahr: Mengeles Grab wird gefunden. Durch Exhumierung und gerichtsmedizinische Untersuchung des Skeletts und des Zahnschemas wird seine Identität ermittelt. Erst 1992 beseitigt eine DNA-Analyse letzte Zweifel an der Identität Mengeles.

Mengele in Auschwitz, ca. 1943, © guioteca

»Ich dachte, der tut mir nichts. Er lächelt ja«
Hugo Höllenreiner kam als 9-jähriger 1943 nach Auschwitz

»An sein Gesicht kann ich mich nicht mehr erinnern, nur an seine blank geputzten Stiefel. Als ich seine Schritte hörte, kroch ich unter die Pritsche, duckte mich, schloss die Augen. Ich dachte, er würde mich nicht finden«.
Lidia Maksymowicz, ein Opfer von Josef Mengele

»Ich erinnere mich, wie Blut den Schnee rot färbte«
Maurice Cling überlebte Auschwitz und einen Todesmarsch

»Ihr, die ihr Leid über den einfachen Mann brachtet,
ihr, die ihr über sein Leid lachtet, fühlt euch nicht sicher.
Der Dichter erinnert sich.« Czeslaw Milosz

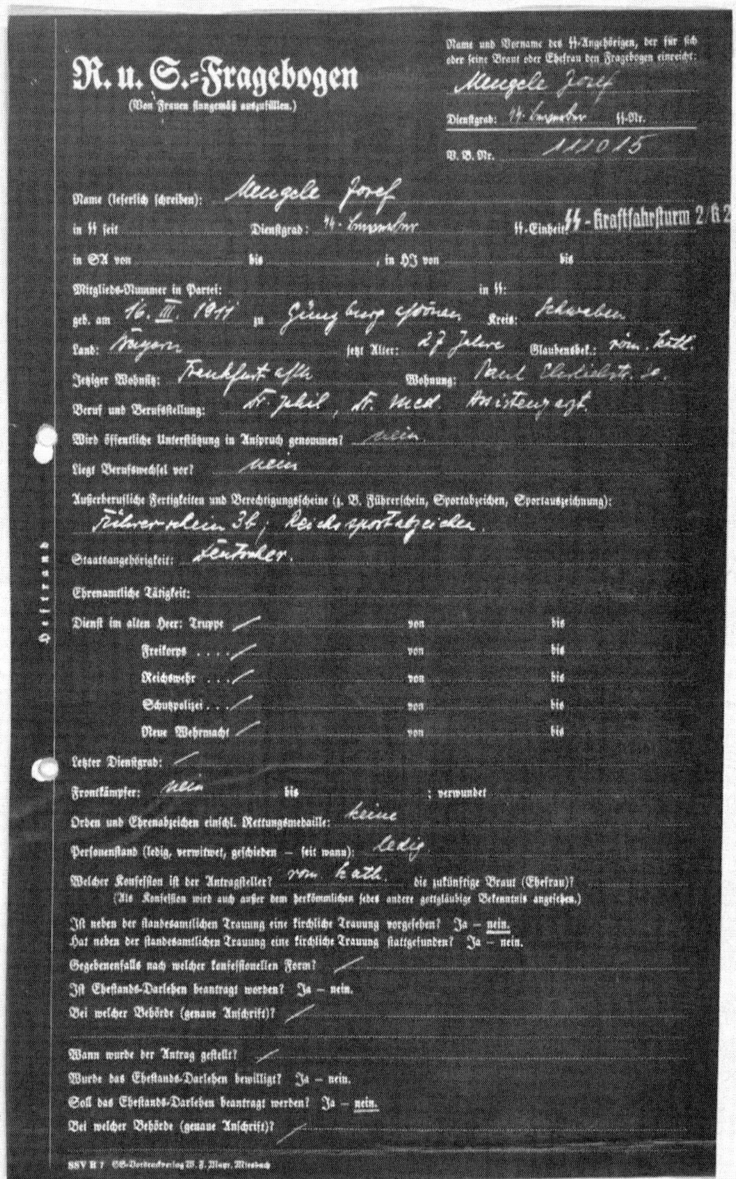

Name und Vorname des SS-Angehörigen, der für sich oder seine Braut oder Ehefrau den Fragebogen einreicht: Mengele Josef

Dienstgrad: SS-Anwärter SS-Nr.

V. B. Nr. 111015

R. u. S.-Fragebogen

(Von Frauen sinngemäß auszufüllen.)

Name (leserlich schreiben): Mengele Josef

in SS seit .... Dienstgrad: SS-Anwärter SS-Einheit: SS-Kraftfahrsturm 2/K 2

in SA von .... bis ...., in HJ von .... bis ....

Mitglieds-Nummer in Partei: .... in SS: ....

geb. am 16. III. 1911 zu Günzburg a/Donau Kreis: Schwaben

Land: Bayern jetzt Alter: 27 Jahre Glaubensbek.: röm. kath.

Jetziger Wohnsitz: Frankfurt a/M. Wohnung: Paul Ehrlichstr. 20.

Beruf und Berufsstellung: Dr. phil., Dr. med. Assistenzarzt.

Wird öffentliche Unterstützung in Anspruch genommen? nein

Liegt Berufswechsel vor? nein

Außerberufliche Fertigkeiten und Berechtigungsscheine (z. B. Führerschein, Sportabzeichen, Sportauszeichnung): Führerschein 3b, Reichssportabzeichen

Staatsangehörigkeit: Deutscher.

Ehrenamtliche Tätigkeit:

Dienst im alten Heer: Truppe — von .... bis ....

Freikorps ... — von .... bis ....

Reichswehr ... — von .... bis ....

Schutzpolizei ... — von .... bis ....

Neue Wehrmacht — von .... bis ....

Letzter Dienstgrad: —

Frontkämpfer: nein bis .... ; verwundet

Orden und Ehrenabzeichen einschl. Rettungsmedaille: keine

Personenstand (ledig, verwitwet, geschieden — seit wann): ledig.

Welcher Konfession ist der Antragsteller? röm. kath. die zukünftige Braut (Ehefrau)?

(Als Konfession wird auch außer dem herkömmlichen jedes andere gottgläubige Bekenntnis angesehen.)

Ist neben der standesamtlichen Trauung eine kirchliche Trauung vorgesehen? Ja — nein.

Hat neben der standesamtlichen Trauung eine kirchliche Trauung stattgefunden? Ja — nein.

Gegebenenfalls nach welcher konfessionellen Form? —

Ist Ehestands-Darlehen beantragt worden? Ja — nein.

Bei welcher Behörde (genaue Anschrift)? —

Wann wurde der Antrag gestellt? —

Wurde das Ehestands-Darlehen bewilligt? Ja — nein.

Soll das Ehestands-Darlehen beantragt werden? Ja — nein.

Bei welcher Behörde (genaue Anschrift)? —

Deckrand

RSV R 7 SS-Vordruckverlag W. F. Mayr, Miesbach

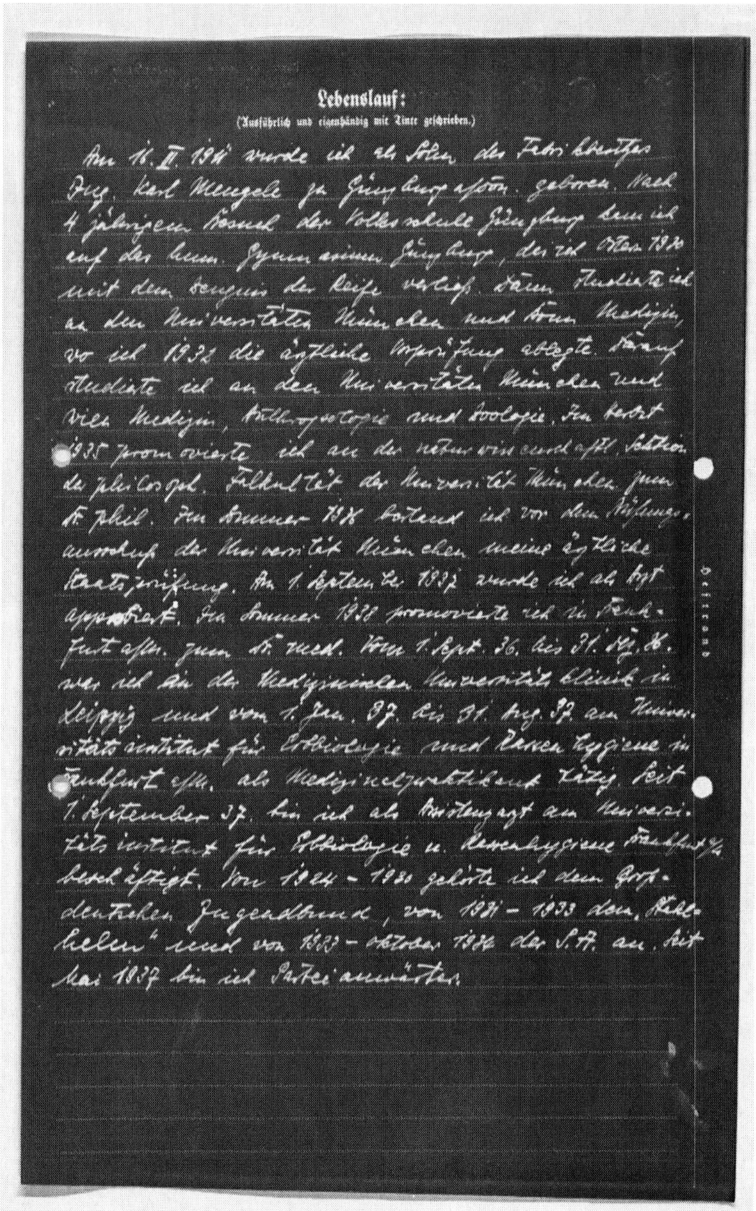

Lebenslauf:

(Ausführlich und eigenhändig mit Tinte geschrieben.)

Am 16. III. 1911 wurde ich als Sohn des Fabrikbesitzers Ing. Karl Mengele zu Günzburg a/Donau geboren. Nach 4 jährigem Besuch der Volksschule Günzburg kam ich auf das human. Gymnasium Günzburg, das ich Ostern 1930 mit dem Zeugnis der Reife verließ. Dann studierte ich an den Universitäten München und Bonn Medizin, wo ich 1932 die ärztliche Vorprüfung ablegte. Darauf studierte ich an den Universitäten München und Wien Medizin, Anthropologie und Zoologie. Im Herbst 1935 promovierte ich an der naturwissenschaftl. Sektion der philosoph. Fakultät der Universität München zum Dr. phil. Im Sommer 1936 bestand ich vor dem Prüfungsausschuß der Universität München meine ärztliche Staatsprüfung. Am 1. September 1937 wurde ich als Arzt approbiert. Im Sommer 1938 promovierte ich in Frankfurt a/M. zum Dr. med. Vom 1. Sept. 36 bis 31. Dez. 36 war ich an der Medizinischen Universitätsklinik in Leipzig und vom 1. Jan. 37 bis 31. Aug. 37 am Universitätsinstitut für Erbbiologie und Rassenhygiene in Frankfurt a/M. als Medizinalpraktikant tätig. Seit 1. September 37 bin ich als Assistenzarzt am Universitätsinstitut für Erbbiologie u. Rassenhygiene Frankfurt a/M. beschäftigt. Von 1924 – 1930 gehörte ich dem Großdeutschen Jugendbund, von 1931 – 1933 dem „Stahlhelm“ und von 1933 – Oktober 1934 der S.A. an. Seit Mai 1937 bin ich Parteianwärter.

Nr. 2 Name des leiblichen Vaters: Mengele Vorname: Karl
Beruf: Fabrikbesitzer, Ing. Jetziges Alter: 54 Jahre Sterbealter:
Todesursache:
Ueberstandene Krankheiten: keine

Nr. 3 Geburtsname der Mutter: Hupfauer Vorname: Walburga
Jetziges Alter: 57 Jahre Sterbealter:
Todesursache:
Ueberstandene Krankheiten: keine

Nr. 4 Großvater väterl. Name: Mengele Vorname: Alois
Beruf: Ziegeleibesitzer. Jetziges Alter: ~~[illegible]~~ Sterbealter: 73 Jahre
Todesursache: Altersschwäche
Ueberstandene Krankheiten: verschiedene Op. infolge Beinamputation nach Verletzung im Kriege 1870/71.

Nr. 5 Großmutter väterl. Name: Mayr Vorname: Theresia.
Jetziges Alter: ~~[illegible] Jahre~~ Sterbealter: [illegible] Jahre
Todesursache: Altersschwäche
Ueberstandene Krankheiten: keine.

Nr. 6 Großvater mütterl. Name: Hupfauer Vorname: Franz Josef
Beruf: Kaufmann Jetziges Alter: ~~[illegible] Jahre~~ Sterbealter: 65 Jahre
Todesursache: Tägliche Alters Tbc. nach Rippenfellentz.
Ueberstandene Krankheiten: keine.

Nr. 7 Großmutter mütterl. Name: Buck Vorname: Theresia.
Jetziges Alter: ~~[illegible] Jahre~~ Sterbealter: 47 Jahre
Todesursache: Herzschlag.
Ueberstandene Krankheiten: Herzleiden

a) Ich versichere hiermit, daß ich vorstehende Angaben nach bestem Wissen und Gewissen gemacht habe.
b) Ich bin mir bewußt, daß wissentlich falsche Angaben den Ausschluß aus der SS nach sich ziehen.

Frankfurt a/M., den 15. Juli 1938
Ort Datum

Josef Mengele.
Unterschrift

Die Unterschrift der zukünftigen Ehefrau bezieht sich nur auf Punkt a

Heftrand

Manfred Henne, geboren in Albstadt-Ebingen, aufgewachsen in Obernheim, Zollernalbkreis, lebt im Kreis Ludwigsburg.
Bis zur Rente im Beruf als Schriftsetzer tätig, zuletzt als Fotosetzer in einer Verlagsdruckerei.
Der Autor ist in der Landesarchäologie als ehrenamtlich Beauftragter für das Landesamt für Denkmalpflege tätig und nimmt regelmäßig an archäologischen Grabungen teil.
Seine Interessensgebiete sind Archäologie und Landesgeschichte.

Die bisher veröffentlichten Bücher des Autors, sind zu beziehen bei jeder Buchhandlung und im Selbstverlag* des Autors,

magehenne@web.de

»Leben Landschaft Jahreslauf«, Gedichte, 150 Seiten

»Der Weißdorn des Grafen Eberhard«,
Gedichte und Prosa, 144 Seiten

»Versteinerte Zeit«, Gedichte und Prosa, 118 Seiten*

»Otto Mauthe und die Euthanasie in Grafeneck«, 48 Seiten*

»Römische Impressionen«, Streifzüge durch die Antike, 195 Seiten

»Doch es kehret umsonst nicht unser Bogen,
woher er kommt«, Lyrik und Prosa, 170 Seiten

»Im Lauf der Zeit«, Ereignisse und Lebenswege
aus Württemberg, 228 Seiten

»Schatten und Licht«, Prosagedichte, 178 Seiten

»Das Unternehmen ›Wüste‹ und die Konzentrationslager
im Zollernalbkreis«, 143 Seiten*

»Ilse Koch – Die Kommandeuse von Buchenwald,
Eine Darstellung des Bösen«, 125 Seiten*

»Vergangenes im Gegenwärtigen, Eine Kindheit und Jugend«,
135 Seiten*

»Von unermesslichen Wiesenorten will ich sprechen«, Die Massaker
in den Fosse Ardeatine und in Sant'Anna di Stazzema, 164 Seiten

»Sepp Dietrich – Der beschränkte SS-General« *und*
»Konstantin von Neurath – Eine Nazi-Karriere«, 176 Seiten*

»Der unendlichen Worte nächtlich beladener Kahn«
Schreiben gegen das Vergessen, 184 Seiten*